과학적으로,
나는 어떤 인간형일까?

과학적으로,

나는 어떤 인간형일까?

초판 발행 2019년 8월 05일

지은이 | 엘시 링컨 베네딕트 · 랄프 페인 베네딕트
옮긴이 | 권혁
발행인 | 권오현

펴낸곳 | 돋을새김
주소 | 서울시 종로구 이화장 1가길 6 부광빌딩 402호
전화 | 02-745-1854~5 팩스 | 02-745-1856
홈페이지 | http://blog.naver.com/doduls 전자우편 | doduls@naver.com
등록 | 1997.12.15. 제300-1997-140호
인쇄 | 금강인쇄(주)(02-852-1051)

ISBN 978-89-6167-261-0 (03120)
Korean Translation Copyright ⓒ 2019, 권혁

값 14,500원

통계와 분석으로 밝혀낸 다섯 가지 인간형

과학적으로,
나는 어떤 인간형일까?

엘시 링컨 베네딕트
랄프 페인 베네딕트
/
권혁 옮김

돋을새김

내면의 특성은 반드시
겉모습에 드러난다

엑스레이X-Ray와 같은 현대 과학은 몸과 머리, 얼굴 그리고 손의 구조까지 촬영해 확연히 보여준다. 이제 우리는 그런 엑스레이처럼 사람들의 내면을 투과해 모든 이들의 특성을 한눈에 알아차릴 수 있다.

사람들에게 가장 중요한 일은 자기 자신을 이해하는 것이다. 그리고 그 다음은 타인을 이해하는 것이다. 인생은 '자신'이라는 자동차를 운행하면서 동시에 도로 위를 달리고 있는 다른 차들과 조화롭게 주행하는 일에 빗대어 볼 수 있다. 이 책을 통해 당신은 자신이 어떤 유형의 차인지 알게 될 것이며, 자신 스스로를 최대한 효율적으로 이용하지 못했던 주된 이유도 알게 될 것이다.

또한, 당신은 다른 유형의 인간 자동차들도 있음을 깨닫게 될 것이다. 그리고 그들과 최대한으로 협력하는 방법 역시 배우게 될 것이다. 이러한 협력은 행복과 성공에 있어 지극히 중요한 것이다. 우리는 살아가면서 언제나 우리의 동료들과 밀접한 관계를 유지하고 있으며, 우리가 인생에서 얻을 수 있는 것들은 매우 놀라울 정도로 그들과의 관계에 따라 좌우된다.

실패하지 않으려면 환경에 적응하라

어떤 유기체든 그들이 직면하게 되는 가장 큰 문제는 주어진 환경에 성공적으로 반응하는 것이다. 과학적으로 말하자면, 환경이란 당신이 겪었던 경험의 총체이다. 즉, 당신이 지금 미국의 어느 대평원에 살고 있다고 가정하면, 직업과 사회 그리고 결혼에 관한 생각이나 행동을 자신이 속해 있는 대평원이라는 환경에 맞게 조정해야 한다.

만약 당신이 적응하지 못한다면, 장소를 옮기거나 환경을 당신에게 맞도록 변화시켜야만 한다. 만약 환경을 변화시키지도, 다른 곳으로 옮겨가지도 못한다면, 마치 네바다 사막에 옮겨진 열대 식물이 잘 자라지 못하는 것처럼 당신도 실패자가 될 것이다.

하지만 네바다 사막에도 줄곧 잘 자라고 있는 것이 있다. 쑥이다. 쑥은 네바다 사막을 떠나 다른 곳으로 옮겨갈 수도 없고, 물이 없는 사막의 환경을 바꿀 수도 없었다. 그래서 쑥은 생존이라는 성공을 위해 자신을 환경에 적응시키고 그곳에서 견디어냈다. 이것은 작은 식물조차도 노력하면 성공할 수 있다는 것을 일깨워주는 지표가 된다.

인간은 다른 모든 형태의 생명체들이 마주하는 것과 똑같이 선택의 문제에 직면한다. 적응하며 살아야만 하는 조건들을 스스로 받아들일 것인지 아니면 소멸할 것인지. 당신은 다른 도시나 국가, 어디로든 옮겨갈 수 있다는 점에서 네바다 사막의 쑥보다는 유리하다. 하지만 그다지 대단한 이점은 아니다. 비록 당신의 상황을 아주 조금은 향상시킬 수 있겠지만, 그 어떤 문명화된 사회에 가더라도 여전히 당신이 겪고 있는 문제의 근본 핵심은 결국 똑같다는 것을 알게 될 것이다.

적응해야 살아남는다

오늘날의 도시는 우리 선조들이 살던 정글과는 전혀 다르다. 그렇게 다르다고 우리의 뇌가 인식하는 것은 오래된 위협들은 많이 극복했고 그 자리를 대체할 새로운 위협은 없다고 생각하기 때문이다. 우리는 더 이상 혹한에 멸종될까 두려워하지 않는다. 난방장치를 켜면 되니까. 우리의 원시 선조들이 두려워했던 거대한 바다를 두려워하기는커녕 우리는 그 바다를 빠르고도 안전하게 헤쳐 나간다. 머지않아 뉴욕에서 아침을 먹고, 같은 날 샌프란시스코에서 저녁을 먹게 될 것이다.

하지만 이처럼 어마어마한 현대 문명의 틀을 구축하면서 인간은 너무나도 복잡하게 얽힌 사회로 진입했으며 이제 인간관계라는 새로운 환경적 문제에 직면하게 되었다. 즉, 인간이 적응해야 할 환경이 '타인과의 관계'라는 환경으로 옮겨진 것이다.

오늘날 우리는 생활에 꼭 필요한 거의 모든 것들을 다른 사람의 활동에 의지한다. 우리가 먹는 음식, 이동하기 위한 탈 것, 읽는 책, 잠자는 침대, 전화, 옷 등에 수천 명의 노동과 두뇌활동이 관련되어 있다는 것이다.

문명이 시작된 그 희미한 여명의 시기로부터 인류는 엄청나게 인구가 늘어났다. 수십억의 인구 중 적어도 반은 당신이 원하는 바로 그것을 추구하니, 그중 10분의 1도 만족할 수 없는 것이다.

누가 원하는 것을 얻을 것인가? 자연이 이 물음에 답한다. 자연은 단호하고도 냉혹한 어조로 가차 없이 말해왔다. 네바다 사막의 풀이든 런던 거리를 활보하는 인간이든 환경에 적응해야만 생존할 수 있다고. 오늘날 우리의 환경적인 문제는 주로 '자신과 공존하는 사람'과의 문제이다. 그렇다면 다른 사람들과 적응하는 법을 알게 된 사람만이 생존에 성공할 수 있다는 것이고, 지속적인 보상을 얻을 수 있는 것이다.

적응을 위해 남을 이해하는 법

이러한 적응을 위해서는 우리의 주변 사람에 대해 보다 더 잘 이해하는 것이 필수적이다. 사람들마다 각각 좋아하는 것과 싫어하는 것, 특징, 장점, 성향 그리고 능력 등이 다르다는 것을 잘 인식하고 있어야 한다. 이렇게 사람마다 다르게 가지고 있는 특성의 조합이 개인의 고유한 본성을 만들어낸다. 이러한 특성을 지닌 개별적인 그룹들은 그것과 상응하는 육체적인 성질을 드러내기 때문에 다른 사람들을 이해하는 것은 어렵지 않다. 내면의 특징은 반드시 외형에 드러난다.

이것은 지구상의 모든 종과 개별적인 종들의 모든 하위분류에서 실제로 나타나는 것이다.

마치 인간들 사이의 특성이 명확히 다른 것처럼, 모두 같은 종에 속하는 개라도 세인트 버나드종과 테리어종의 '특성'에는 엄청난 차이가 있다. 그러나 그 개들을 살펴보면, 모양과 크기 그리고 골격을 통해 한눈에 그 개들이 어떤 행동을 할지, 어떤 반응을 할지, 그리고 어떤 습성을 가지는지 정확하게 예상할 수 있다.

만약 키우는 개가 야단법석을 떨며 당신에게 달려드는 것을 좋아하지 않는다면 방으로 불쑥 들어온 테리어를 보며 당신은 본능적으로 뒤로 물러설 것이다. 하지만 세인트버나드가 들어온다면 그런 방어 행동은 하지 않을 것이다. 외견으로 판단컨대, 그 개가 테리어와는 다른 본성을 가졌다는 걸 한눈에 알아차릴 것이기 때문이다.

모든 인간 역시 이와 동일한 방식으로 알아차릴 수 있다. 인간은 일정한 기본 속성은 제각기 다르지만 외형적인 크기와 모양, 그리고 구조에 따른 내재적 특징들은 언제나 변함없이 일치한다.

인간 알파벳의 기초

외적인 특징이 그 사람에 대해 얼마나 많은 것을 말해줄 수 있을까? 그런 특징들은 깜짝 놀랄 만큼 정확하게 한 사람의 본성이 지닌 기본적이며 기초적으로 중요한 특징들을 말해준다. 신체의 크기, 형태 그리고 골격은 그의 진정한 자아에 대한, 즉 그가 생각하고 행동하는 것들에 대한 보다 더 중요한 사실을 드러내 보여준다.

사람을 읽는 법을 배우는 것은 책을 읽는 법을 배우는 것보다 훨씬 더 즐거운 과정이다. 왜냐하면 당신이 보는 사람들은 모두 겉표지에 드러나 있는 것보다 더 로맨틱하고 흡입력 있는 진짜 이야기이기 때문이다. 또한 책 읽는 법을 배우는 것보다 사람 읽는 법을 배우는 것은 더 간단한 과정이다. 사람을 읽어내기 위한 '인간 알파벳'은 문자의 수가 훨씬 더 적다. 비록 훈련되지 않은 눈으로 보면 사람은 작고 우습게 생긴, 종잡을 수 없는 표식덩어리인 것 같지만, 분석하기에 어렵지는 않다.

인간의 감정은 단지 몇 가지뿐이다. 그 종류가 그다지 많지 않다. 결국 배고픔과 사랑, 미움, 두려움, 희망 혹은 야망과 같은 많지 않은 감정 형태가 인간의 감정과 사고를 불러일으킨다.

지금, 우리의 행동은 우리의 생각에 따라 일어난다. 일시적인 것일지라도, 모든 생각은 근육의 움직임 즉 육체적인 행동을 하게 한다. 생각은 가장 밀접한 관계인 신체 기관의 일정한 부위에 그 흔적을 남긴다.

자기 보호 본능이 촉발한 외적인 변화

그렇게 되는 이유는 단순하다. 다른 모든 생명체와 마찬가지로 자기 보호 본능에 자극받은 인간은 환경이 요구하는 것에 맞추려 엄청난 노력을 기울여왔다. 인간은 다른 어떤 생명체보다 더 성공적으로 환경에 적응했으며, 그 결과 지구상에서 가장 복잡한 유기체가 되었다.

일단 환경에 적응하면서 각자에게 내부적인 변화가 일어나고, 그리고 변화에 따라서 그에 상응하는 외부적인 방법이 생겼다. 그리고 그런 내적 변화에 맞는 외적인 방법을 만들어내지 못했다면 아마 인간은 생존하지 못했을지도 모르겠다. 어쨌든 이러한 상황을 고려한다면, 가장 파악하기 어렵고 복잡한 존재인 인간을 몇몇 외적인 특징으로 묶어 비교적 단순하고 간단한 용어로 설명하게 된 것 같다. 그렇게 해서 오늘날 우리는 행동할 뿐만 아니라 생각하고 느끼는 고도로 진화된 인간을 볼 수 있게 된 것이다. 이런 모든 생각과 느낌 그리고 감정은 서로 밀접한 관계를 맺고 있다.

인간의 몸과 마음은 지극히 긴밀하게 연관되어 있어 그중 한 가지에 영향을 끼치게 되면 다른 것들도 영향을 받게 된다. 마음의 순간적인 변화는 즉각적으로 얼굴의 근육을 변화시킨다. 폭력적인 생각은 즉각적으로 신체의 격렬한 움직임으로 나타난다.

생리학과 심리학 엮기

화가 나거나, 행복하거나, 놀랐거나, 피곤하거나 슬플 때 거울을 들여다보라. 그리고 그런 감정에 의해 만들어진 변화가 당신 얼굴의 근육에 나타나는 것을 주목해보라. 똑같은 종류의 생각이나 감정을 지속적으로 되풀이하게 되면 결국에는 이러한 정신적인 과정과 긴밀하게 연결되어 있는 신체의 어느 일부분에 생리학적으로도 영구적인 변화가 나타나게 된다.

우리의 턱은 마음과 몸의 밀접한 연관 관계를 보여주는 훌륭한 예이다. 턱의 근육과 뼈는 뇌 속의 호전적인 본능을 담당하는 곳과 매우 긴밀하게 연계되어 있으므로 아주 약간만 전투적인 생각을 하더라도 턱의 근육이 뻣뻣하게 긴장된다. 실제로 물리적인 충돌이 벌어질 것이라는 생각이 머릿속에 떠오르자마자 당신의 턱뼈는 자동으로 위쪽과 앞쪽으로 튀어 나가게 될 것이다.

주먹이나 말로 평생을 호전적으로 살았다면 턱은 마치 불독의 그것처럼 항구적으로 약간 위로 올라가 밖으로 돌출해 있는 모습이 된다. 이처럼 턱뼈가 호전적인 특징을 유지하게 되는 이유는 바로 위대한 효율성의 전문가인 대자연이 "만약 그 턱을 긴장시키기 위해 끊임없이 나를 불러낸다면 내가 그 턱을 아예 그런 모양으로 바꿔 번거로움을 덜겠다."라고 말하기 때문이다. 이렇게 호전적인 턱이라는 후천적인 특징은 다음 세대의 자손들에게 전해진다.

바로 여기에서 가장 흥미진진한 법칙이 만들어지는데, 이 법칙을 통해 '인간 분석'이라는 과학이 가능해지는 것이다. 신체의 어느 부위가 상대적으로 커지면 커질수록, 그 신체가 수행하게 될 작업에 대한 능력도 향상되며 더욱 더 그 부분을 드러내려고 하게 된다. 자연은 효율적인 전문가이며 당신이 사용하지도 못할 정도의 과도한 장비는 주지 않는다.

우리의 선조들은 끊임없는 전투의 결과로 단단하고 커다란 턱을 갖게 되었다. 그러나 문명이 급속도로 발달하면서 전투의 필요성이 줄자 자연은 인간 턱뼈의 평균적인 크기를 줄여왔다.

하지만 당신이 크고 불쑥 튀어나온 턱과 마주친다면, 루디야드 키플링이 말했듯이 당신은 일종의 전투를 위해서 싸울 태세가 된 '단단히 무장한' 사람을 보고 있는 것이다. 남자 혹은 여자, 어른 또는 아이, 권투선수이거나 성직자거나 누구든 상관없이 큰 턱을 가진 사람은 호전적인 성격을 지닌 사람이다.

그 증거의 하나로 아일랜드 사람을 보라. 그들의 커다란 턱은 결과이면서 원인이라고 보아야 한다. 아주 오래전 수백 년 동안 전쟁을 치러온 선조들로부터 물려받은 특징이며, 특별히 발달한 신체의 다른 부위처럼 스스로를 드러내기 위한 강렬한 충동을 지니고 있다. 선천적인 이 충동은 커다란 턱을 가진 사람으로 하여금 '걸핏하면' 싸우려 들고, 종종 '공격적인 성향'을 드러내게 한다.

자연선택과 적자생존

이렇게 모든 외적인 특성은 자연법칙, 주로 자연선택의 결과이기 때문에 모든 생명체의 결정적인 특징은 외모를 통해 읽어낼 수 있다. 생물학, 해부학, 인류학, 인종학 혹은 심리학을 공부한 사람들은 누구나 이러한 사실을 잘 알고 있다.

인간의 신체 기관은 환경에 성공적으로 적응하려는 본능적인 목적 한 가지를 위해 '느린 순환의 시간을 거치며' 발달하고, 변형하고, 개선하며 진화해왔다. 그런 이유로 각 신체 기관의 기능은 양곡기나 증기선 혹은 피아노와 같은 것들의 기능만큼 명확하게 드러난다.

자연에는 우연히 만들어진 것이 없다. 자연은 그 어떤 재료도 낭비하지 않으며 모든 것에는 목적이 있다. 만약 당신이 살아남기 위한 역경을 잘 견뎌내며 투쟁한다면, 자연은 당신을 구해줄 것이며 역경을 헤쳐 나가는 데 필요한 것을 충분히 내줄 것이다. 만약 역경을 잘 극복해내지 못한다면, 자연은 당신이 이 지구에 적합한 사람이 아니라고 말하며 고통 없이 떠날 수 있도록 해줄 것이다. 그러므로 자연은 가장 강한 것만을 남기고 모두 제거한다. 그렇게 진화는 지속된다.

과학적인 인간 분석의 법칙

인간 분석을 배우는 사람들은 앞으로 어느 나라의 사람인가와는 상관없이 모든 사람의 기질과 본성을 쉽게 알아차릴 수 있게 된다. 인간 분석은 모든 인종과 피부색 그리고 국적에 따른 기본적인 특성들을 외모에 따라 설명해줄 것이기 때문이다.

인간 분석은 다른 모든 성격 분석 체계와는 다르다. 인간 분석에서는 사람들을 우선 생물학적 진화에 따라 다섯 가지 유형으로 분류할 것이기 때문이다.

여기에서는 가장 최근의 과학적 발견에 근거해 사람을 다룰 것이다. 각각의 개인을 그의 '성품'이나 이른바 '도덕적'인 특징보다는 그의 '인간 특징human quality'에 따라 평가할 것이다.

이 책에서 제시하는 모든 법칙은 과학적인 통계에 근거하고 있으며, 지구 곳곳에 있는 모든 종류의 사람들에 대한 연구와 조사를 통해 정확하다는 것이 입증되었다. 이러한 법칙들은 단순히 일정한 때에만 적용되는 것이 아니다. 모든 조건에서 언제나 유용하게 활용할 수 있으며, 모든 인종, 피부색, 국가, 공동체 그리고 모든 가족에 속해 있는 모든 사람에게 적용된다.

이러한 최신 인간 분석법을 통해 당신은 책을 읽는 것만큼이나 쉽게 사람을 읽는 법을 배울 수 있을 것이다. 약간의 시간과 노력만 투자하면 된다.

어느 한 사람이 어떤 환경 속에서 무엇을 할 것인가를 알기는 것은 쉽다. 모든 사람은 언제든 자신이 좋아하는 방식으로 자신이 하고 싶은 일을 하기 때문이다. 만약 의심된다면 이런 실험을 해보도록 하라. 먼저 가장 친한 친구나 아내 혹은 남편을 머릿속에 떠올린다. 그리고 지난 20년 동안 그들이 일을 처리했던 방식을 생각해보라. 그 방식에 거의 아무런 변화가 없었다는 사실을 알 수 있다!

모든 인간은 자신이 선호하는 것과 편애하는 것을 통해 아주 어릴 때부터 죽을 때까지 자기 자신을 나타낸다. 이처럼 타고난 성향은 절대로 없어지지 않으며 거의 대부분 통제되지도 않는다. 오직 신체를 뛰어넘는 정신의 힘을 배우게 된 사람들만이 그렇게 할 수 있다. 이러한 지식을 갖게 되는 사람은 극소수이며 대부분의 사람들은 타고난 성향의 지배를 받고 그것을 별다른 생각 없이 따르게 된다.

다시 말하자면, 여러분이 알고 있는 사람 중의 99%가 아주 사소한 일부터 매우 중요하고 긴급한 일들까지 모두 자신의 타고난 성질이나 버릇에 따라 대처한다. 사람들은 일반적으로 자신의 이러한 습관적인 행동이 어디에서 비롯된 것인지를 거의 의식하지 못한다. 그저 '아버지로부터' 혹은 '할머니로부터' 물려받은 것이라고 말한다. 그렇다면 할머니는 과연 어디에서 그 습성을 물려받은 것일까?

과학은 이러한 것을 열심히 연구해왔으며 오늘날 우리는 할머니가 그러한 습성을 어디에서 물려받았는지 그리고 그것을 어떻게 이어왔는지까지 알게 되었다. 할머니는 키와 체형 그리고 골격과 함께 그러한 습관적인 행동들을 물려받았으며, 여러분과 다른 모든 사람이 그렇듯이 자신이 속한 유형의 특징에 따라 행동해왔다. 카나리아가 앵무새처럼 말하지 않고 카나리아답게 노래하는 것처럼, 그리고 장미가 바이올렛이 아닌 장미의 향을 내뿜는 것처럼 할머니는 자신의 유형에 따라 행동해온 것이다.

이 법칙은 모든 인종에게 적용되며, 다른 모든 생명체를 설명해주듯이 인간을 설명해주는 것이다. 비록 인간은 자신을 스스로 대단히 신비롭다고 생각하기를 좋아하지만.

습관을 고수하다

주변의 이곳저곳을 주의 깊게 살펴보면 눈치 빠르고, 빈틈이 없으며, 충동적인 사람은 언제나 눈치 빠르게, 빈틈없이 그리고 충동적으로 행동한다는 것을 알아차릴 수 있다. 그런 사람은 적어도 엄청난 재난이 닥쳐야 행동을 느긋하게 조절할 수 있겠지만, 그것도 잠시뿐이다. 하지만 느리고, 신중하며, 온순하고, 순종적인 사람은 그 어떤 자극이 있다 해도 느리고 신중하게, 온순하고 순종적으로 행동한다. 제어하기 힘든 열정 혹은 위기에 빠지면 일시적으로 행동을 급하게 할 수도 있지만 그런 상황이 지나고 나면 다시 예전의 습관들로 돌아간다.

인간 분석은 새로운 과학으로 여러분에게 느린 사람, 재빠른 사람, 고집 센 사람, 순종적인 사람, 지도자, 초심자 그리고 그 외의 모든 기본적인 특성을 신체의 외형과 크기 그리고 골격을 통해 한눈에 알아볼 수 있도록 해준다.

신체의 외형을 통해 사람들의 성향을 파악할 수 있으며, 겉으로 드러나는 이러한 성향은 각 개인의 기본적인 요소로 자리 잡고 있기 때문에 감출 수가 없다. 인생에서 겪는 모든 경험들은 일정한 종류의 반응을 불러일으키며, 그러한 반응은 거의 언제나 비슷하게 나타난다.

성향을 알면 성공도 쉽다

태생적으로 자신이 싫어하는 일을 억지로 하도록 강요받았는데 성공하거나 행복해질 수 있는 사람은 아무도 없다. 이러한 호불호는 죽을 때까지 간직하게 되므로 현대인들에게 중요한 문제들 중의 하나는 각자의 태생적인 특성을 발견하고 활용할 수 있어야 한다는 것이다.

사람들은 누구나 자신의 타고난 성향에 어울리는 일을 할 때 최선의 노력을 기울이게 된다. 그래서 누구나 가장 좋아하는 일을 할 때, 최선의 결과를 낼 수 있다. 그 어떤 일에서든 성공을 이루기 위해서는 진정한 의욕이 있어야만 하며, 이러한 의욕이야말로 최대한의 노력을 시작할 수 있도록 이끌어준다.

우리는 태어나서 죽을 때까지 자기표현을 하기 위해 노력하며, 태생적인 성향에 반대되는 일을 하도록 강요받게 되면 성의 없이, 비효율적으로, 투덜거리며 하게 된다. 이러한 태도는 곧바로 실패로 이어진다. 하지만 자신의 성향에 대한 파악이 잘 되어 있다면 누구나 실패를 피하고 성공에 다가설 수 있게 된다.

만약 조상에게서 자동차 한 대를 물려받았는데 그 자동차가 어떻게 만들어졌으며 어떤 유형인지를 파악하지 못한다면 단 한 시간도 몰고 다닐 수 없을 것이다. 당신은 분명히 일주일이 채 지나가기도 전에 운전하는 법을 배우기 위해 시간과 노력 그리고 관심을 기울이며, 단순하고 구태의연한 방식이 아니라 최선의 방식으로 그 각별한 자동차의 구조를 파악하려고 할 것이다.

제각기 다른 인간 유형

포드형과 피어스애로우형의 자동차가 다르듯이 인간이라는 자동차도 그 크기와 형태 그리고 구조가 확연하게 다른 5가지의 유형으로 구별해볼 수 있다. 그 인간 유형 각각은 수용 능력, 발전 가능성 그리고 적성에 있어 많은 차이점이 있다. 포드와 피어스애로우가 그렇듯이 외형을 보면 이러한 기능적인 차이점이 명확하게 나타난다. 더 나아가 포드가 피어스로 바뀌지 않듯 피어스도 포드로 바뀌지 않을 것이며, 인간도 자신의 유형을 좀체 바꾸려 하지 않는다는 것이다. 다만 약간 변형해보고, 훈련해보고, 다듬어보고, 조정해보는 수고를 할 수는 있지만 절대 바꾸려 하지는 않을 것이다.

인간 분석을 배우는 사람은 제조회사가 다른 차종을 구별하는 것보다 더 정확하게 각 개인의 유형을 구분할 수 있다. 만약 포드 자동차를 이리저리 개조한다고 해도 그것은 여전히 포드 자동차이며 언제라도 그것이 포드 자동차라는 것을 알아차릴 수 있으니 속일 수도 없다.

자, 인간을 차에 빗대어 일반형인 포드 차종과 고급형인 피어스 차종으로 나누어 살펴보자. 아마도, 보석과 값비싼 의상으로 화려하게 치장한 포드급의 사람 때문에 압도된 적이 있을 것이다. 반면 허름한 차림의 피어스급 사람도 있다. 페인트가 녹슬어 있다는 이유만으로 월등한 본질을 가진 피어스 차종을 수십 대나 그냥 지나쳐 버렸을 수도 있듯 당신은 피어스급인 사람의 본질을 보지 못하고 안타깝게 지나쳤을 수 있다.

이것은 다시 말하면, 당신 또한 인생의 도로를 열 배는 더 잘 달릴 수 있는 강력한 피어스급의 인간형인 줄 모른 채, 자신을 포드급으로 취급하고 있었을지도 모른다는 것이다.

피상적인 것들이 우리를 흔든다

사람의 본성을 판단할 때 입은 옷, 사는 집, 종교적 신념, 정치적 성향, 편견, 사투리, 예절 혹은 관습과 같은 것으로 판단하려고 하는 것보다 더 위험한 일은 없다. 그리고 이런 것들은 단지 본질 위에 씌워진 위장막일 뿐이다. 단지 교육이나 선생님, 성직자, 전통, 그리고 어떤 강권에 의해 만들어지며, 너무 얄팍한 것이어서 아주 쉽게 걷어내 버릴 수 있다.

하지만 개인의 실체는 언제나 있다. 자신이 속한 유형의 고유한 성향을 고수하며, 늘 그 성향을 따르고, 배운 방식 그대로 살기 위해 부단히 기회를 엿보면서, 지속해서 자기 자신을 표현해내기 위해 애쓴다. 일상의 다양한 활동들 속에서 자신의 유형이 지닌 공통적인 방식과 태도 그리고 특성으로 돌아가려는 충동이 상존하고 있다. 이것은 만약 자신이 원하는 방식으로 행동할 수 없는 환경, 직업 그리고 결혼생활을 하게 된다면 그 사람은 늘 괴로워하고, 무능해지고, 실패하며 때로는 범죄까지 저지르게 된다는 것을 의미한다.

이것이 범죄에 대한 정확한 설명이라는 것은 주요 철학자들에 의해 오랫동안 인정되어 왔다. 두 명의 교도소장, 콜로라도의 토마스 타이난과 싱싱 형무소의 토마스 모트 오즈본은 이러한 사실에 근거해 형법개혁을 시작했다. 개인적인 모든 문제와 마찬가지로 모든 범죄는 외부적인 영향에 의해 본능이 좌절되는 일정한 상황에서 발생한다.

인간 분석은 모든 인간의 근본적인 본능을 한눈에 알아차리는 법을 알려준다. 간단히 말해, 삶의 일반적인 상황들에서 나타나는 인간의 행동 성향을 알 수 있게 도와준다는 것이다. 당신은 이 세상이 개인에게 강제하려는 행동이 있다는 것을 알고 있다. 만약 각자의 천성적 행동 유형과 세상이 요구하는 행동 유형 간의 불일치가 그 사람이 속한 유형의 한계를 넘어선다면, 그는 사회가 요구하는 행동을 거부하게 된다. 바로 이것, 이것만이 철없는 행동에서부터 살인에 이르는 모든 인간적인 탈선의 배경이 된다.

이러한 천성을 모조리 없애버리거나 다른 성향을 대신 채워넣으려 하는 것은 마치 비행기로 재봉틀을 만들거나 소나무로 떡갈나무를 만들려고 하는 것만큼이나 무용한 일이다. 사람들이 자신의 이웃을 위해 할 수 있는 일은 그들을 이해해주고 그들에게 용기를 주는 것이다. 그리고 자신에게 할

수 있는 일은 자기 자신을 이해하고 본인의 타고난 능력을
체계적으로 구성하는 것이다.

자신의 유형을 찾아라

당신의 행복이라는 문제를 해결하기 위해서 첫 번째로 찾
을 것은 당신이 어떤 유형인지를 아는 것이다. (이 책을 다 읽
고 나면 알게 될 것이다). 그러면 그것에 근거해 당신의 미래도
그려볼 수 있을 것이다.

두 번째는 타인을 철저하게 분석하는 법을 배우는 것이
며, 그것을 통해 그들과의 관계가 조화롭고 서로에게 도움이
되도록 하는 것이다. 모든 사람을 그들이 타고 난 방식에 따
라 받아들여야 하며, 그 사람의 심리 과정을 인정하고 그에
적합한 태도로 대하도록 해야 한다. 이것만이 다른 사람을
이해시키거나 도와줄 수 있는 방법이다. 이러한 방법만이 당
신이 진정한 성공을 거둘 수 있도록 해줄 것이다. 그리고 당
신의 동료에게도 행복이나 성공을 거둘 수 있는 직장, 환경
그리고 결혼생활을 찾을 수 있도록 도와줄 수 있다.

네 가지 'C'에 유의하라

앞으로 펼쳐질 흥미진진한 강좌로부터 최대한의 기쁨과 지식을 얻기 위해 여러분이 지켜야 할 네 가지 사항이 있다는 것을 명심하라.

• 집중Concentratedly

이 책을 읽고 있는 동안 자신이 무엇을 읽고 있는지를 생각하고 있어야 한다. 집중해서 읽어라. 집중은 아주 단순한 일이다.

• 신중Carefully

사람들을 분석할 때는 그들을 신중하게 살펴보아야 한다. 뚫어져라 빤히 쳐다보라는 것이 아니라 성급하게 결론을 내리지 말라는 뜻이다. 사람들은 어느 한 가지 결론을 내리게 되면 그 즉시 자신의 결론에 맞추어 사실을 뜯어 맞추려 하는, 즉 사실을 왜곡하는 대단한 능력을 가졌다. 그러니 뭔가 성급히 결정하려고 모든 시간을 소비해서는 안 되며 결정을 내려야 한다는 생각을 아예 잊어라. 예를 들자면, 도랑을 점프해서 건너려고 하는 이들이 단번에 훌쩍 넘으려는 욕심에 최대한 뒤쪽으로 가 너무 먼 곳에서부터 도움닫기를 해 정작

도랑 근처에 도착해서는 점프할 힘조차 부족하게 되는 이치와 같다. 신중하게 관찰해 좋은 출발을 하도록 해야 한다.

- **확신**Confidently

자신이 옳다는 확신이 들면 그대로 쭉 전진하라. 결정을 내리고, 자신이 옳다는 자신감으로 그것을 지켜야 한다. 만약이 규칙을 따르겠다고 결정했다면, 앞서 제시한 두 가지를 따를 수밖에 없을 것이다. 자신이 옳다는 확신을 가지려고, 그리고 누군가를 잘못 판단하지 않았다는 것을 분명히 하려고 당신은 집중해서 각각의 규칙을 읽게 될 것이며, 결정하기 전에 모든 사람들을 신중하게 관찰할 것이기 때문이다.

- **지속**Constantly

'연습이 완벽함을 이끈다.' 인간 분석의 전문가가 되기 원한다면 이 말을 여러분의 좌우명으로 삼아야 한다. 이것은 당신이 가정과 직장, 친구들이나 거리에서 마주치는 모든 사람들과 지속해서 만나다 보면 쉽게 터득할 수 있다. 어떤 물건을 자주 사용해야만 그것에서 이익을 얻을 수 있다는 것을 명심해라. 주차장에서 한 번도 몰고 나오지 않는 자동차는 아무런 가치도 없는 것이다. 그러므로 이 책에서 제시한 내용도 지속적으로 활용하여 최대한의 가치를 이끌어내야 한다.

이와 같은 규칙들은 과학적이다. 정확하며 언제나 옳다. 그리고 살아가는 동안 당신의 지속적인 발전을 이끌어줄 매우 가치 있는 도구들이다. 사람들에 대한 이해는 당신이 갖출 수 있는 것 중 가장 강력한 무기가 된다. 하지만 이 세상의 모든 도구나 지식과 마찬가지로 올바른 활용법에 따라 사용되어야만 하며, 그렇지 못할 경우 큰 도움은 받을 수 없다.

운전할 때도 클러치와 브레이크, 핸들과 기어 등에 적용되는 규칙을 꼼꼼하게 알아두지 않는다면 자동차를 제대로 움직일 수 없다. 과학적인 것들은 모두 추측이 아닌 법칙에 근거를 두고 있다. 여기에서 제시하는 한눈에 척 사람을 분석하는 방법은 자동차만큼이나 과학적인 것이다. 본인에게 주어진 역할을 제대로 수행하기만 한다면 더 멀리 더 쉽게 나아갈 수 있을 것이다. 당신에게 주어진 역할은 이 책에 설명된 몇 가지 간단한 규칙들을 배우고, 매일 일어나는 일에 그 규칙을 적용하는 것이다.

거의 모든 경우에서 사실이라고 밝혀진 많은 내용들이 이 책에 포함되어 있다. 하지만 우리는 설명은 적게 하고 확실한 기본원리를 제시하려 한다. 그러므로 다른 모든 교육 과정과 마찬가지로 이 과정은 건강한 보통 사람의 모든 특징에 해당된다고 확인된 사실들로만 구성되어 있다.

순수 유형과 혼합 유형

이 책에서는 순수한 혹은 전형적인 유형들만을 다루고 있다. 이러한 점을 이해하게 된다면, 일상적으로 마주치게 되는 몇 가지 혼합형까지 명확하게 알 수 있게 될 것이다.

한 단어를 구성하는 문자를 알기 전까지는 그 단어의 의미를 이해할 수 없는 것과 마찬가지로, 이러한 다섯 가지 극단적인 유형을 정확하게 알기 전까지는 인간을 분석할 수 없다.

각각의 순수한 형태는 모든 사람들이 보유하고 있는 다섯 가지 생물학적 체계 — 영양이 풍부한, 혈액 순환이 좋은, 근육질인, 골격이 튼튼한, 신경이 과민한 — 중의 하나가 두드러지게 성장한 결과이다. 그러므로 모든 사람은 다섯 가지 유형의 특징을 어느 정도는 모두 지니고 있다.

하지만 그 사람이 어떤 종류의 사람인지를 나타내는 현저한 특성과 개성은 다섯 가지 체계 중에서 가장 두드러지게 나타나는 한 가지 체계와 정확하게 일치한다.

평균적으로 남자든 여자든 간에, 이러한 유형 중 두 가지 정도의 성향이 혼합되어 있는데, 제3의 유형의 특성도 그 배경으로 깔렸을 수 있다.

인간을 이해하기 위해서는 먼저 가장 전형적인 모습의 유형을 익숙하게 잘 알고 있어야 한다. 그 후에는 그것들이 혼합된 유형을 밝혀내 보고 그런 조합이 사람들 사이에서 어떻게 구현되는지 알아보는 것은 그리 어렵지도 않고 흥미로운 일이다. 그런데 이러한 다섯 가지 순수 유형들을 완벽하게 배울 때까지는 혼합 유형이 있다는 것 자체를 잊고 있는 것이 더 낫다. 극단적이고 전형적인 유형들을 명확하게 알고 나서야 그것들이 혼합된 형태를 분석할 수 있다.

다섯 가지 인간 유형 살펴보기

우리는 과학적인 분석으로 다섯 가지 인간 유형이 있다는 것을 발견했다. 그 유형들을 분류해보자면 영양이 풍부한 사람, 가슴이 발달한 사람, 근육이 발달한 사람, 골격이 두드러진 사람, 머리가 두드러진 사람이 있다.

각각의 유형은 외형이나 크기 그리고 골격에 의해 서로 구분되며 체형이나 체격으로 한눈에 알아차릴 수 있다. 어떤 사람의 유형은 그 사람의 신체 내에 있는 다섯 가지 발달한 부분 혹은 생물학적 체계인 영양계, 순환계, 근육계, 골격계 그리고 신경계 중 두드러진 어느 한 가지에 의해 결정되기 때문이다.

아이들은 모두 태어나면서 이러한 생물학적 체계 중 한 가지가 다른 것들보다 더 잘 발달해 있거나, 더 크거나, 더 잘 갖추어져서 태어난다.

이 체계는 평생 다른 것들보다 자기 고유의 특성을 더욱 강하고 지속적으로 드러내게 된다. 그 사람이 정상적인 건강 상태를 유지하는 한 훈련과 교육, 주변 환경 혹은 경험 등 그 어떤 방식으로도 이 체계의 두드러진 특성을 변형시킬 수 없으며 좋아하는 것과 싫어하는 것 그리고 전체적인 반응들을 막을 수도 없다.

차례 ▌Contents

들어가며 • 5
베네딕트 박사의 인간분석학 개론 • 19

이 책이 인간 분석학에 따른 다섯 가지 유형의 극단적이고 전형적인 특징을 설명하고 있다는 점을 명심하라. 물론 인간은 다섯 가지 유형의 특징을 복합적으로 지니고 있다. 이 책을 다 읽고나면 혼합형에 대해서도 충분히 알게 될 것이며, 외형만 보고도 한눈에 척 사람을 읽어낼 수 있게 될 것이다.

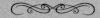

Chapter 1

영양이
풍부한 형

"즐기는 사람"

• The Alimentive Type •

영양 공급 기관이 월등히 발달한 사람을
'영양형'이라고 부른다.
영양 공급 기관은 위와 장, 소화관 그리고
모든 소화 흡수 기관으로 구성되어 있다.

짧지만 즐거운 인생

영양이 풍부한 형

▼ ▲ ▼

통통한 몸

일반적으로 통통한 외형이 이 유형의 특징으로 영양형은 보통 비만일 확률이 높다. 이 사람들은 거의 모든 부분이 둥글둥글하다. 팔꿈치와 손목 그리고 어깨까지 지방이 속속 들어차 있다. 골격이 작은 몸에 부드러운 살이 통통하게 붙어 있는 것이 '영양이 풍부한' 유형의 특징이다. 영양형 남성의 경우 신체에서 가장 커다란 부위는 허리둘레이며, 여성의 경우는 엉덩이둘레이다.

이러한 특징은 거대한 영양 공급 기관이 언제나 왕성하게 활동 중이라는 것을 나타낸다. 지방은 오직 잉여 세포조직으로, 소화 흡수 기관에 의해 신체에 필요한 것보다 더 많은 양이 만들어진 것이다. 지방은 뼈나 근육보다 부드럽고 푹신푹신해서 지방이 많은 사람들은 한층 부드러운 체격과 외모를 갖게 된다.

작은 손과 발

골격이 작아서 손과 발도 작다. 몸무게가 100kg에 달하는 여자가 그렇게 작은 발을 가진 것을 보고 얼마나 놀라곤 하는지! 그런 사람이 '이리저리 돌아다니는 데' 불편하게 보이는 것은 그녀의 발이 평균적인 크기보다 더 작다는 사실 때문이다.

작은 머리와 둥근 얼굴

이들은 몸에 비해 머리가 상대적으로 작다는 것이 또 다른 특징이다. 목과 머리 아랫부분이 지방으로 둘러싸여 있어 머리에서 목덜미 쪽으로 내려가며 점점 부풀어 오른 것 같은 모습이다. 그 때문에 목이 짧아 보이고 머리가 불균형해 보인다.

턱이 두 겹, 세 겹으로 접힌 보름달 같은 이들의 얼굴은 마치 '아기 얼굴' 같다. 극도로 비만한 사람을 유심히 관찰해 보면, 신체에서 느껴지는 미성숙한 형태가 이목구비에도 그대로 나타나는 경향이 있다.

비만인 사람 중에는 코가 길쭉한 사람이 거의 없다. 비만한 사람들은 남녀불문하고 짧고 둥근 코를 가졌으며, 보다 짧은 윗입술에 비해 아랫입술은 두텁다. 또 둥그런 눈매 때문에 다른 사람들보다 더 어리게 보인다. 한마디로 아이들이 가진 특징과 같은 동안의 이목구비를 갖추고 있다.

동그랗고 동그란 신체 구조

이 유형의 전체적인 신체 구조는 손가락 마디가 있는 관절마다 보조개처럼 옴폭 옴폭 들어간 통통하고 동그란 손으로 대표될 수 있다. 동그란 손가락과 발, 허리, 팔다리 그리고 흘러내리듯 동그란 어깨, 둥그런 허벅지, 불룩한 종아리와 손목, 발목을 가졌다.

어디서든 신체적인 윤곽이 곡선의 형태로 굴곡진 사람을 보게 되면 그 사람은 십중팔구 영양형에 속하며 언제나 그 유형의 특징을 보여줄 것이다.

인류의 아기

생물학적 진화의 첫 번째 단계는 영양 섭취와 관련된 기관이 발달하는 것이다. 지금도 여전히 그렇지만 영양을 흡수하는 것이 모든 생명체의 첫 번째 기능이다. 이것이 자기 보존을 위해 가장 중요한 필요조건이기 때문이다.

우리 신체의 5대 장기 중 가장 먼저 발달하고 가장 기초적인 영양 흡수 기관은 제일 기본적이며 유아적인 성질을 만들어낸다. 그러므로 전형적인 영양형은 '인류의 아기'라고 부를 수 있을 것이다. 이것은 매우 뚱뚱한 사람들이 지니고 있는 많은 특성을 설명해준다.

"움직이기 싫어요"

이 유형의 사람들은 서두르지 않으며, 설렁설렁한 움직임을 보여준다. 커다란 몸을 가진 이 유형의 사람들은 재빠르게 움직이는 것이 어려우므로 모든 행동이 느릿느릿하다. 태평스러운 데다 가능한 한 적게 움직이려 하니 어디를 가든 바쁠 것이 없는 편안한 태도를 보이게 된다.

또한, 머리를 뒤로 돌리는 것이 어려워서 자기 등 뒤에서 일어나는 일에 대해서는 거의 신경 쓰지 않는다.

뚱뚱한 사람들의 걸음걸이는 스스로는 잘 모르지만 대부분 어기적거리며 걷는다. 안타깝게도, 본인의 걸음걸이를 볼 수도 없는 노릇이고, 이 낙천적인 사람에게 그 우스운 걸음 걸이에 관해 말해줄 수도 없는 노릇이다.

그리고 뚱뚱한 사람은 의자에 앉으면 옆으로 살집이 삐져 나오고, 옷들은 모두 맞지 않는다. 그래서 큰 팔걸이의자, 넓은 의자, 공간이 넓은 자동차와 같은 것들이 이 사람들의 진짜 친구들이다. 뚱뚱한 사람이 실내로 들어오자마자 엄청 나게 큰 가죽의자로 곧장 직행하는 것을 본 적이 꽤 있을 것 이다.

편안한 옷이 최고!

헐렁하고 편안한 옷은 영양형의 사람이 여유가 있을 때 사 들이는 옷이다. 이런 옷은 여유가 있고 특히 차림새를 갖추는 것에 이성적으로 꼼꼼히 따지지 않을 때 사게 된다. 만약 그 사람이 중산층이라면 편안함을 우선으로 옷을 선택할 것이 다. 뭐 평상시에도 잘 차려입고 있는 상류층의 영양형이라 하 더라도, 혼자 있을 때는 '어느 정도 헐렁한' 옷으로 얼른 바꿔 입을 것이다. 그래서 이들이 주로 고르는 것들은 헐렁한 바 지, 주름이 잡힌 소매, 부드러운 칼라와 커프스 등이다.

이 유형의 사람들에게는 편안함이 제일이다. 편안함이 최

우선이다 보니 신던 신발이나 장갑을 계속 착용하는 경우가
많다.

대화도 편하게

어떤 일이든 너무 심각하게 받아들이지 않는 것은 이 유형
의 사람들이 무의식적으로 갖추고 있는 태도이다. 그러한 태
도를 자신의 행동이나 말에서 쉽게 드러낸다. 아주 뚱뚱한
남자가 좌담의 달인인 경우는 드물다. 그는 명석한 이야기를
멋지게 대화로 펼쳐내기보다는 남에게 듣기 좋은 말을 잘해
주고, 특히 재미있는 일화나 개인적인 경험담 같은 이야기를
잘한다.

그들은 자신의 고민거리에 대해서는 거의 드러내지 않으
며 종종 아무런 고민이 없는 것처럼 보이기도 한다. 어떤 주
의나 사상에 대해서 언급하는 것을 피하며 그런 이야기를 하
는 사람들과는 거리를 두고 싶어 한다. 급진적 단체의 일원
중에 고도비만인 사람을 거의 찾아볼 수 없는 이유이기도 하
다. 대부분 논쟁을 싫어하며, 다른 사람들과의 의견 차이도
피하려 한다. 그래서 사교적인 대화에서도 진지한 문제에는
줄곧 겉도는 태도를 보인다.

식사는 푸짐하게

평균적으로 1년 365일 동안 하루 세끼, 만족할 만한 양만큼 풍성하게 음식을 먹는 것을 즐긴다. 사탕, 아이스크림, 팝콘이나 과일 같은 간식은 절대 거절할 수 없다. 우리는 팝콘과 과일을 파는 많은 상인들과 인터뷰를 했는데, 그들은 한결같이 장사에 많은 도움이 되는 사람은 뚱뚱한 사람들이라고 대답했다.

아이스크림뿐만 아니라, 꼭지에 컵을 들이대면 콸콸 쏟아지는 탄산음료대 앞을 보면 대부분 뚱뚱한 사람들이 몰려있다. 그리고 신 나게 아이스크림선디와 파르페, 바나나 스플릿을 산더미처럼 퍼담는 이들도 대부분 이들이다. 찐득한 프라페가 이들의 컵에서 급속히 사라질 때 레모네이드나 탄산수를 빨대로 홀짝거리는 이들은 대개 말라깽이들이다.

"무엇이 나를 이토록 뚱뚱하게 만드는 걸까?" 아주 오래전에 친구들이 그랬던 것처럼 자신이 갑작스럽게 살이 많이 쪘다는 생각을 하게 되면 이런 천진난만한 질문을 하게 된다.

만약 이 질문에 대한 대답을 모르겠다면, 레스토랑이나 카페 혹은 식당 그 어디에서건 뚱뚱한 사람의 식탁을 살펴보면 된다. 그 사람은 마치 40일간의 단식에서 막 벗어난 것처럼 허겁지겁 음식을 먹고 있다. 하지만 단식은커녕 불과 몇 시간 전에 지금과 거의 똑같은 양으로 푸짐하게 먹었을 것이다. 식사시간을 제한해놓은 식당에 가면, 식당의 문이 열리자마자 제일 먼저 들어서는 사람은 뚱뚱한 사람이라는 것을 알게 될 것이다.

버터, 올리브유, 크림, 파이 그리고 탄수화물이 많이 함유된 음식은 먹는 족족 그 즉시 체중이 늘어난다. 뚱뚱한 사람은 절대 이러한 음식에 빠져들지 말아야 하지만 그것들은 이들이 다른 어떤 음식보다 더 좋아하는 것들이다. 그래서 이런 음식이 빠진 식사를 하게 되면 마치 아무것도 먹지 않은 느낌이라고 생각한다.

언젠가 한번은 캘리포니아에 있는 셀프서비스 식당에서 인간 분석 연구를 위한 모임이 있었다. 위에서 설명한 사실들의 신빙성을 증명하기 위해 우리는 뚱뚱한 사람들이 어떤 음식을 선택할 것인지를 예측해 보았다. 우리가 예측했듯이, 주위를 살펴보니 뚱뚱한 사람들의 쟁반에는 예외 없이 파이, 케이크, 크림, 감자 등의 탄수화물이 많은 음

영양형의 살이 잘 빠지지 않는 이유가 있을까? 다이어트를 결심한 친구가 있었다. 그녀는 일주일 내내 거의 샐러드만 먹으며 지냈지만 체중은 계속 늘어나기만 했다. 하루 세끼 외에 몰래 간식이라도 먹는 것은 아닐까? 아니었다. 그녀는 양상추를 올리브 오일 드레싱에 푹 적셔 먹고 있었다! 그녀는 '채소만으로는 먹는 즐거움을 느낄 수 없어서' 그랬다고 했다.

식, 그리고 고기가 하나 가득 쌓여 있었다.

짧지만 즐거운 인생

미국의 생명보험회사 통계에 따르면, 뚱뚱한 사람은 그렇지 않은 사람보다 평균 수명이 낮다. 생명보험회사는 자신들의 종신보험 사업을 위해서는 막연한 추측이 아닌 정확한 사망 원인을 알고 있어야만 한다. 그 회사들이 30세 이후의 고도비만인 사람은 위험한 고객으로 분류한다는 것은 널리 알려진 사실이다.

어느 날 아침, 고도비만인 내 변호사 친구를 만났다. 그는 "거의 매일 이 세상에 있는 온갖 상품을 들고 나타나는 세일즈맨들 때문에 방해를 받지. 하지만 생명보험회사 직원만은 나를 방해하지 않는다네!"라는 우스갯소리를 하며 활짝 웃었다. 그러고는 햄과 달걀, 와플, 감자 그리고 커피를 한꺼번에 주문했다. 하지만 그 친구는 그렇게 음식이 자신의 생명을 갉아먹는다는 사실에 전혀 신경 쓰지 않았다. 그는 식사를 즐기는 멋진 시간을 누릴 뿐이다.

'Ish ka bibble(신경 안 써)'라는 말이 히브리어에서 나온 것은 결코 우연이 아니다. 왜냐하면 이 민족은 다른 민족에 비해 뚱뚱한 사람이 더 많으며, 뚱뚱한 사람들은 천성적으로 걱정은 쓸모없는 일이라고 여기기 때문이다. 하지만 뚱뚱한 사람들이 이러한 사고방식을 갖게 된 데는 근본적인 이유가 있다. 그 외의 다른 특징들과도 근거가 똑같은 이유 즉, 그를 지배하고 있는 신체 시스템이 그 원인이다.

맛있는 음식을 먹는 것은 인생에서 가장 강렬하고 짜릿한 즐거움 중 하나이다. 가령, 누군가 영양형과 유사한 뛰어난 소화기능을 가지고 있다면 그는 깊은 평온함과 만족감을 느낄 것이다. 뚱뚱한 사람은 언제나 거하게 식사를 하거나 음식을 소화하는 과정에 있다. 그러니 그는 자기 자신에게 기분이 나쁠 틈이 별로 없다. 자신은 물론 이 세상의 어떤 근심 걱정도 크게 신경 쓰지 않는다.

'파티로 이어지는 인생'은 뚱뚱한 남자나 명랑하고 붙임성 있는 뚱뚱한 여자의 것이다. 어떤 일이 벌어지든 그것과 상관없이 그들은 즐거운 시간을 보내며, 다른 사람들도 그들을 따라 하도록 만든다. 뚱뚱한 사람이 등장하면 분위기가 확 바뀐다는 것을 확인한 적이 있을 것이다. 파티 주최자는 안도감 속에 그들의 도착을 즐거운 마음으로 환영한다. 이제 자신은 편안히 긴장을 풀고 있어도 된다는 것을 알기 때문이다. 포동포동한 그들은 모자를 채 벗기도 전에 이미 그곳의 분위기를 한껏 띄워놓는다. 그들이 거실로 들어와 유쾌한 몇 마디를 건네면 그날 저녁은 마지막 손님이 작별인사를 할 때까지 기름칠한 바퀴가 굴러가듯 막힘이 없다. 그러므로 뚱뚱한 사람들이 거의 매일 밤을 파티로 지새운다는 것은 그리 이상한 일이 아니다. 그들이 누구보다 많은 초대장을 받게 된다는 것도 두말하면 잔소리다.

원만한 인간 관계

영양형은 어떤 일에 순응하고 받아들이는 사람을 친구로 원한다. 보통의 사람들이 그렇듯이 자신과 비슷한 부류의 사람이라서 그렇기도 하지만, 다른 부류의 사람들은 자신에게 잘 어울리지 않을 것 같기 때문이다. 그들은 순리를 따르지 않고 저항하는 것은 에너지의 낭비라고 생각한다. 그들은 원하는 것을 더 쉽게 얻어낼 수 있는 다른 방법을 알고 있다.

"함께 식사라도 하시죠."라는 말은 그 어떤 말보다 분위기를 더 부드럽게 해주고 마음을 따뜻하게 한다. 뚱뚱한 사람들은 음식을 푸짐하게 차려놓고 서너 그릇 정도는 게눈 감추듯 쉽게 해치울 수 있는 스스럼없는 친구들을 몇 명쯤은 마음속에 간직하고 있다.

이 부류의 사람들은 적응력이 뛰어나기 때문에 자신의 생각과 맞는 경우라면 언제든 다른 사람들과 잘 어울릴 수 있다. 하지만 영양형이 끝내 친해질 수 없는 사람들이 있다. 이들에게 운동을 권장하는 사람들이다.

뚱뚱한 사람이 누군가를 아주 심하게 혹은 아주 오랫동안 싫어하는 경우는 거의 없다. 누군가를 심하게 싫어하는 데에는 엄청난 에너지의 소비가 필요하며, 사람을 싫어하는 일은 이 세상에서 가장 힘든 일이기도 하다. 그래서 영양형은 싫어하는 것들을 마음속에 담아두지도 않으려 한다. 그는 도무지 화를 내지 않으며, 이러한 사실이 성공의 비밀 중 하나이다. 그들은 이런 원칙을 삶의 모든 부분에 적용하고, 그래서 다른 사람들과의 관계를 원만하게 다루면서 잘 풀어나갈 수 있다.

이론가들은 질색!

"그냥 잊어버려."라는 말 역시 뚱뚱한 사람들에게서 자주 나오는 말이다. 그들은 이 말을 다른 유형의 사람보다 훨씬 더 자주 한다. 더 나아가 그들은 이 말을 누구보다 더 훌륭하게 실천에 옮긴다. 그 결과 대개 안정적인 심리상태를 유지하므로 활력이 떨어지는 경우가 적다.

뭔가 생각해봐야 할 문제가 있을 때 영양형이 신경 쓰지 않는 부류의 사람들이 있다. 가령, 우주의 문제를 논의하려는 사람, 새로운 상대성 원리를 설명하며 실행하라 주장하는 사람, 장황한 설명을 늘어놓는 이론가 그리고 새로운 주의나 이념을 늘어놓으면서 변론을 해대는 사람들은 피한다. 그는 이런 사람들을 변덕쟁이, 광신자 그리고 멍청이라고 부른다. 만일 이런 유형의 지식인이 다가오면, 다른 유형의 사람들은 어울리는 척이라도 하지만 영양형의 사람은 일이 있다는 핑계로 가버린다.

영양형은 이론가라면 질색을 한다. 태생적으로 그들은 이론가를 믿지 않는다. 과학적 발견이라는 것도 자신에게 편안함을 더해줄 새로운 수단과 관련이 없다면 아무 의미가 없다. 누군가가 "뚱뚱한 사람은 일찍 죽는대요."라고 면전에 대고 말해도 그저 껄껄거리고 웃어버릴 것이다. 그런 말에 대한 즉각적인 대처는 놀랄 만큼 신속하다.

만약 당신이 이번 장의 내용을 그에게 읽어주면, "이봐요, 난 지금 날아갈 듯이 상태가 좋아요. 그리고 장담하건대, 이 책을 쓴 사람은 분명 잘 차려진 식사의 참맛을 모르는 불평꾼일 거예요."라고 말할 것이다.

뚱뚱한 가장이 두툼한 스테이크를 두 팔로 안고 집으로 향하고 있는 것을 본 적이 있을 것이다. 그는 거실이나 침실,

보조개처럼 옴폭옴폭 들어간 통통하고 동그란 손

파티에서는 분위기 메이커

"신경 안 써"

명랑하고 붙임성 있는 성격으로 분위기 업!

맛있는 음식을 먹는 것은 인생에서
가장 강렬하고 짜릿한 즐거움 중 하나

집 안 여기저기를 안락하게 꾸미는 데는 월급을 아껴도 먹거리만큼은 아끼지 않는다.

뚱뚱한 사람들은 아침에는 무엇을 먹었고, 점심에는 어떤 음식을 주문했고, 저녁으로는 무엇을 먹으려 하는지 맛깔나는 설명을 군침 넘어가게 쏟아 놓아 주변 사람들을 즐겁게 해준다.

건강에는 해로운 식습관

사실 우리는 대부분 어떤 형태로든 스스로를 조금씩 죽여 가고 있다. 언제나 우리가 속해 있는 인간형의 타고난 형식으로 그렇게 하고 있다. 영양형은 자신의 식습관을 죽을 때까지 고수하는데, 적어도 이 문제에 대해서만큼은 타당한 이유가 있다. 다른 유형의 사람들에게는 더 빨리 죽음의 문턱을 넘게 할 특별한 약점이 그들에게는 더 많은 즐거움을 주기 때문이다.

다른 유형에 비해 이 유형에는 당뇨병이 더 많이 발생한다. 그다음으로는 뇌졸중인데, 특히 심장 박동이 빠르고 혈색이 좋거나 고혈압 증세가 있는 사람은 더욱 위험하다. 또한 다른 사람들에 비해 몇몇 중요한 장기들이 갑작스럽게 기능 장애를 일으킬 가능성도 있다. 오랫동안 과식을 해온 식습관 때문이다. 너무 많은 음식물 섭취로 심장, 신장 그리고 간이 과도하게 시달린 결과인 셈이다.

1918년에 악명 높은 스페인 독감이 유행했을 때, 다른 모든 유형을 합친 것보다 더 많은 영양형의 사람들이 사망했다. 이 사실이 신문에 놀라운 일인 듯이 언급됐지만, 과학자들이 보기에는 호들갑을 떨 일이 아니었다. 이런 질병 치료에서의 문제는 폐렴도 마찬가지인데, 지방을 잔뜩 머금고 있는 이들의 심장이 문제인 것이다.

인간의 심장은 0.5kg도 채 되지 않지만 절대로 쉬지 않고 일하는 기계와 같은 장기이다. 심장은 인간이라는 자동차의 엔진에 해당하며, 마치 포드 자동차 엔진처럼 아주 작지만 너무나 충직한 작은 모터이기도 하다. 만약 당신이 40세까지 산다면 심장은 40년 동안 쉬지 않고 작동할 것이며, 90세까지 살게 된다면 단 한 번도 쉬는 법 없이 그 수명을 90년으로 연장할 것이다. 그래서 아주 신중하게 다루어야만 하며 가장 중요한 주의사항은 너무 혹사시키며 과도하게 일을 시키면 안 된다는 것이다. 포드 차가 그 무게에 알맞은 엔

통계에 따르면, 누군가를 '뚱뚱하고 건강한' 사람이라고 말하는 것은, 뚱뚱하지만 사실 건강하지는 않다는 의미를 담고 있다.

진으로 운행되듯이, 당신의 엔진에 너무 과도한 무게 부담을 주지 않는 한, 이 충직한 엔진은 당신을 인생의 여러 언덕과 골짜기로 실어 나를 것이다. 낡고 오래된, 그렇지만 여전히 성능 좋은 포드가 부드럽게 움직이듯이.

하지만 포드 차의 주인이 살찌면 마치 벽돌이나 쇳덩이를 싣고 달리는 것처럼 엔진에 무리를 주게 된다. 포드 자동차 주인이 남은 인생 동안 벽돌을 운반하기로 마음먹었다면, 대형 실린더 엔진을 구입해 원래의 것과 교체할 수 있겠지만 사람은 그렇게 할 수 없다. 지금과 같은 작은 4기통 엔진은 앞으로도 계속 사용해야 할 유일한 것이며, 그것을 혹사하게 되면 제아무리 돈과 지위가 있다 해도 새로운 것을 구입해 대체하는 것은 불가능하다. 포드 엔진처럼 인간의 심장도 아주 무거운 수화물을 견디기도 하고 좋은 성능을 유지할 수도 있다. 하지만 너무 무거운 짐을 줄곧 싣고 다닌다면 언젠가는 엔진이 거부반응을 일으키기 시작하게 된다.

정비 공장에 끌고 가 돈을 지불하면 정비공이 여기저기 수리를 하고 새로운 부품을 장착해줄 것이다. 여러분이 완벽한 건강 상태를 유지하며 잘 포장된 도로를 다닌다면 지극히 정상적으로 작동하게 될 수도 있다. 특별히 잘못된 것을 의식하지 못하고 일정 기간 동안 그러한 상태를 유지할 수도 있다. 하지만 폐렴이나 당뇨병이라는 언덕길에 도달하게 되면 그 가파른 비탈을 올라가지 못할 가능성이 있다.

기록에 따르면 매년 수천 명의 남녀가 더 오래 살 수 있음에도 불구하고 말 그대로 '자신의 엔진을 죽이고' 있다는 것을 확인할 수 있다.

인생을 즐길 줄 아는 능력자

인간은 행복하기 위해 산다. 그리고 각각의 인간형은 각자의 체질에서 가장 발달한 기관이 결정한 타고난 충동을 따를 때 가장 큰 행복을 느낀다. 영양형의 기질, 본성, 성격 그리고 개성은 그의 가장 발달한 기관인 소화 기관에 의해 형성된다. 그는 소화 계통의 기관이 만족될 때 가장 행복해하며, 역으로 그것이 방해받으면 불행에 빠져든다. 다른 인간형들도 마찬가지로 자신의 지배적인 기관이 방해를 받으면 괴로움에 빠지게 된다.

영양형은 이 세상이 필요로 하는 좋은 특성을 아주 많이 가지고 있다. 이들의 과도한 음식 섭취만 억제한다면 그 자신은 물론이고 인류에게도 엄청난 혜택을 줄 수도 있을 만큼 즐거운 인생을 위한 능력을 갖추고 있기도 하다.

이 유형의 사람들이 추구하는 것은 인생을 즐겁게 해주는 풍족하고 다양한 음식과 개인적인 욕구들을 채워주는 모든 것이다. 이들은 다른 유형의 사람들을 모두 합친 것보다 더 많은 돈을 리무진과 요트 그리고 요리사에 투자한다. 그들의 기본적인 방침은 개인적인 즐거움이다. 또한 그들의 촉각과 미각은 특별히 예민하다.

뚱뚱한 백만장자

그 사람이 가진 여윳돈을 어떤 종류의 일에 쓰는지를 잘 살펴보면 어떤 유형의 사람인지 얼마든지 파악할 수 있다. 영양형은 화재보험이나 국채 혹은 부동산은 소유하지 않더라도 자신이 구입할 여력만 있다면 거의 모든 최신의 편의물품들을 다 가지고 싶어 한다.

세계적인 갑부들의 대부분은 뚱뚱한데, 그 이유를 인간분석이 설명할 수 있다. 우리는 살면서 가장 간절한 욕구, 열망 그리고 야망을 충족시키는 것 외의 일에는 거의 아무런 노력을 기울이지 않는다. 각각의 인간 유형은 추구하는 것이 서로 다르며, 자신의 욕망을 충족시키는 데 필요한 각자 나름의 수단을 가지고 있다. 영양형은 오직 돈으로만 손에 넣을 수 있는 사치와 안락함 그리고 편리함을 추구한다.

영양형이 머리가 좋은 사람이라면 그는 돈을 벌기 위해 자신의 뇌를 활용한다. 뚱뚱한 사람은 일하는 것을 좋아하지 않지만, 지적인 능력이 뛰어날수록 돈을 벌기 위해 여가시간을 나중으로 미룬다.

어떤 사람이든 돈을 벌겠다는 열망은 대부분 자신의 주된 본능을 만족시키는 것이 필수적인지 아닌지에 달려있다. 만약 뚱뚱하면서 보통의 지적 능력을 갖고 있는 사람이라면 자신과 자신의 가족이 현대생활의 안락함을 확보할 수 있는 정도까지 자신의 육체적인 타성을 극복할 것이다. 평범한 두뇌를 가진 뚱뚱한 남자가 인구의 상당 부분을 차지하고 있으며, 너그러운 남편이며 아버지라는 높은 평가를 받고 있다.

훌륭한 부양자

뚱뚱한 남자는 아내와 자식들이 가지고 싶어하는 물건이 있다면 아낌없이 돈을 내어주지만, 다른 유형과는 달리 이 세상에서 벌어지는 고통에 대해서는 크게 관심을 두지 않는다. 뚱뚱한 남자는 기본적으로 가족적이고 가정적이며, 존경받을 만하고, 주택을 소유하고 있으며, 성실한 납세자이며 평화를 사랑하는 시민이다.

개혁가는 아니다

그는 다른 가족, 다른 공동체, 다른 계급 그리고 다른 국가들은 그들 스스로 문제를 해결해야 한다는 신념을 지니고 있다. 그는 자선 단체나 공동체가 벌이는 운동에 흔쾌히 기부는 하지만 심정적인 동의는 하지 않는다. 그러한 일들은 대부분 '사업과 관련된 제안'이라고 생각한다.

영양형이 가난할 때

뚱뚱한 남자의 최악의 적은 안락함을 좋아하는 것이다. 천성적으로 만족감을 추구하는 성향 때문에 쉽고, 빠른 일처리를 원하게 되는데, 그러한 일처리를 위한 방법을 찾아낼 만큼 본인 능력이 뒷받침되지 못하면 결국 실패하게 된다.

어떤 한 고도비만인 남자의 지능이 평균 이하일 경우 그는 종종 일하기를 거부한다. 따라서 이런 경우에, 그는 공공 휴게실이나 공원, 싸구려 호텔 현관에서 종종 보게 되는 그런 인물이 되곤 한다. 의자에 꾹 처박혀 앉아서 빈둥거리는 것이 직업이 되어 버리는 것이다.

세상은 이들이 움직인다

가능한 한 힘든 일을 적게 하면서, 내 맘대로 일할 기회를 잡는 것은 거의 모든 사람이 은밀하게 바라는 것이다. 하지만 뚱뚱한 남자야말로 훨씬 더 간절히 원하는 것이다.

다음에 이어질 장에서 보게 되겠지만, 이들은 다른 유형의 사람들만큼 열심히 일하지 않는다. 과체중은 느려터지게 움직인다는 것도 결점이지만 실제 생체 기능 과정도 같이 느려 심장에 과부하를 준다는 점에서도 문제다. 그 때문에 무리하면 만성적인 권태감과 무력감을 느끼게 된다.

하지만 조물주는 뚱뚱한 사람의 손에 힘든 일 대신 사람을 다룰 수 있는 능력을 쥐여준 것 같다. 다시 말하면, 그들이 힘든 일을 싫어하게 한 대신 아주 호감이 가는 사람으로 만들어, 다른 사람들이 그들을 위해 힘든 일을 하도록 부리는 능력을 주신 것이다.

머리가 좋을 경우, 뚱뚱한 사람은 절대로 남에게 허리를 굽히는 하위 계급에 머물지 않는다. 남들에게 인정을 받기까지 시간이 걸리기는 해도 곧 상관이 자신을 매우 좋아하게 만들어 관리자의 위치로 승진한다. 마찬가지로, 아랫사람들도 자신을 매우 좋아하게 해 자신을 위해 아주 오랫동안 열심히 일하게 하는 재주를 타고났다.

이런 방식으로 머리가 좋은 뚱뚱한 사람은 다른 사람들이 실제 힘들게 일을 하고 있는 동안 곧장 최고 위치까지 올라간다. 반면에 그 과정을 지켜보는 다른 동료들은 실질적인 업무는 자신들이 다 한다는 사실에 비통해할 뿐이다. 영양형은 세상이 육체노동이 아닌 정신노동을 하는 사람에게, 그리고 직접 일을 하기보다는 다른 이들이 일하도록 부리는 능력에 항상 큰돈을 지불한다는 것을 정확히 인식하고 있다.

인기 있는 정치인

타인을 관리하고 마음을 사로잡는 능력은 정치계에서 큰 성공을 거둘 수 있게 해준다. 그는 선거에서 득표하는 방법을 알고 있다. 그는 모든 사람을 융화시키고, 거리낌 없이 농담을 주고받으며, 자녀에 관해 묻는 것과 같은 아주 사적인 질문이 어떤 효과가 있는지도 알고 있다. 그러고는 아주 단시간에 자기 구역의 '우두머리'가 된다. 거의 모든 정치계 거물들은 뚱뚱하다.

타고난 세일즈맨

주변의 다섯 명에게만 '세일즈맨'에 대해 물어보라. 대다수의 사람들이 통통하고, 성격이 좋으며, 호감형의 아주 영리한 사람이 머릿속에 떠오른다고 말할 것이다.

왜냐하면 뚱뚱한 사람들은 '타고난 영업자'이고, 실제 이 직업에서 많은 영업 실적을 올리고 있기 때문이다. 영업을 하기 위해서는 지적인 능력에 더해 친근한 성격이 필요하다. 그러므로 뚱뚱한 사람들은 타고난 영업력에다가 자신의 정신적인 능력에 따라 영업을 통해 많든 적든 돈을 벌어들일 수 있다.

뚱뚱한 사람들의 대화는 재미있는 이야기들이 깨알같이 적절하게 곁들여져 있다는 것을 알게 된다. 그들은 다른 유형들보다 재미있는 농담을 더 많이 활용한다.

일반적으로 세일즈맨은 시큰둥한 고객을 만족시켜야만 한다. 다시 말하면, 고객이 숨을 삼키며 집중할 때까지, 신청서를 작성할 때까지, 끝까지 활기찬 노력을 기울인다. 바로 이 과정에서 재미있는 이야기를 곁들이고, 농담을 터트리며 열악한 상황을 성공적인 신화로 바꾸어 가는 것인데, 이런 사람 중에는 대부분 뚱뚱한 사람이 많다.

험담에도 대범한 성품

"저 뚱보 좀 봐." "트럭을 타는 게 낫겠다!" 이처럼 뚱뚱한 사람들은 평소에 살찐 것 때문에 이런저런 험담을 많이 듣게 된다. 하지만 그런 농담들을 놀랄 만큼 대수롭지 않게 받아들인다. 이처럼 좋은 성품은 그를 놀리려 했던 사람들마저도 '저 사람은 성격이 참 좋은 사람이군.'이라고 생각하도록 만든다.

조급함과 걱정은 남의 일

'절대 서두르지 않는다.' '절대 걱정하지 않는다.'는 이 유형의 사람들이 겉으로 드러내는 많은 태도 중에 무의식적으로 지키고 있는 기준이다. 만약 그들의 습관을 목록으로 만들어본다면, 거의 대부분 이 두 가지 동기 중 하나 혹은 둘 다를 따르고 있다는 것을 알 수 있다.

영양형을 집중력과 속도 혹은 고도의 긴장감을 요구하는 일련의 행동에 지속해서 빠져들게 하는 것은 매우 어렵다. 정신적인 상태가 동일한 경우라면 그들은 근면성실한 사람만큼이나 많은 일들을 처리한다. 뚱뚱한 사람은 시종일관 같은 태도로 일에 몰두하며 성격이 급한 사람에게서 공통으로 나타나는 흥분된 모습은 보이지 않는다. 하지만 힘들고 빠른 일처리를 요구하는 노동은 이들의 전문 분야가 아니다.

낙천적인 성격

건강한 상태를 유지하고 있는 한 그 어떤 종류의 우울증도 영양형과는 전혀 상관없는 얘기다. 세 들어 살던 집에서 쫓겨나게 된 그날 밤에 영화관에 가서 코미디 영화를 보며 네 살배기 아이처럼 한바탕 웃고 돌아왔다는 뚱보 부부를 알고 있다. 가끔 그들의 재정 상태가 말할 수 없이 심각한데도, 어쩌면 그렇게 '쾌청'할 수 있는지 궁금하다.

게으른 성향

강점이자 약점이기도 한 뚱뚱한 사람들의 습관은 반드시 바람직한 것과 바람직하지 않은 두 가지로 형성되어 있다. 이 유형의 가장 나쁜 습관은 편안한 것을 좋아하고 정신 상태가 미성숙하다는 것이다. 게으름은 이들의 가장 바람직하지 못한 특성들 중의 하나로 종종 커다란 대가를 치르게 된다.

특히 역동성, 빠른 추진력, 효율성을 중시하는 이런 나라에서 뚱뚱한 사람들의 게으른 성향은 대가를 톡톡히 치르고 있다. 즉 그들의 뇌가 부지런히 따라잡으려 해야만 비로소 잘 살 수 있는데 천성적 타성(무기력)이 너무 강력해서 그들이 게으름을 극복하는 것은 불가능하다.

다시 말하면, 먹은 음식물을 소화하는 과정에서 발생하게 되는 무기력증은 너무 심각해서 거의 극복할 수 없을 정도이다. 많은 양의 식사 후에 찾아오는 무기력과 노곤함은 끝없이 이어지는데, 그의 소화 기관이 줄곧 그 많은 양의 음식물을 소화하는 중이기 때문이다.

편안함에 대한 사랑, 특히 따뜻한 방과 푹신한 침대와 같은 것들은 이 유형의 사람들의 기질 속에 너무나도 깊게 각인되어 있어서 다른 유형의 사람들은 전혀 겪어보지 못하는 자신과의 싸움에 맞닥뜨리게 되기도 한다. 그로 인해 고도비만인 사람들은 가끔 게으르고 꾀죄죄한 상태로 있다. 하지만 가끔은 뚜렷한 야망과 깔끔한 모습으로 깜짝 놀라게 하는 사람도 있다. 그런 사람들은 거의 언제나 단호한 정신적 기질과 음식을 좋아하는 특성이 겸비되어 있는 사람이다.

친절을 베푸는 기쁨

다른 모든 사람들로부터 사랑을 받으며, 사소한 실수는 웃어넘기게 하는 그들의 이점은 바로 타인이 곤경에 빠졌을 때 베풀어주는 그들의 한결같은 호의와 친절에서 비롯된다. 남들에게 호의를 베풀 때 그들은 진정한 기쁨을 느끼는 것으로 보인다.

크나큰 단점은 타인보다 자기 자신에게 더욱 큰 벌을 준다는 것이다. 하지만 그 벌이라는 것이 다른 유형의 사람에게는 사실 나무라는 것으로 여겨지지 않는 것들이다.

흥겨운 음악을 즐긴다

그들은 순수하고 자연스러운 음악을 좋아한다. 사랑 노래와 쾌활한 곡조 그리고 멜로디가 풍부한 음악을 가장 선호한다. 그다음으로는 배우기 쉽고, 따라 부르기 쉬운 노래를 선택한다.

그들은 박자가 빠른 재즈 그리고 리듬에 맞춰 몸을 흔들수 있는 음악을 좋아한다.

이 세상의 위대한 가수들과 대부분의 유명한 음악가들은

뚱뚱하거나 적어도 살집이 통통하다.

흥겨운 재즈 가락이 울려 퍼지면 그들은 발을 까딱까딱하며 손가락으로 가볍게 박자를 맞추고, 고개를 끄덕인다. 영양형과 다른 유형 두 유형의 성격이 혼재되어도 여러 종류의 음악을 즐기지만, 순수한 영양형이 흥겨운 장단을 가장 좋아한다.

즐거운 쇼를 즐긴다

멋진 여자들이 등장하는 공연을 무척이나 좋아한다. 흥겨운 공연이 펼쳐지는 곳에서는 뚱뚱한 사람을 많이 찾아볼 수 있지만, 비극이 상연되고 있는 공연장에 가보면 뚱뚱한 사람들이 거의 없다는 것을 확인할 수 있다.

뚱뚱한 사람들은 기회가 있을 때마다 무대 위에 오르는 공연자를 도와주는 것을 즐긴다. 무대에 서는 공연자들은 이러한 사실을 잘 알고 있다. 무대 위에서 관객 중의 한 명을 골라 깜짝 놀라게 하는 순서가 되면 공연자는 언제나 몸집이 큰 신사를 선택한다. 만약 키가 크고 바짝 마른 사람을 골라 골탕먹이는 연기를 한다면 예상치 못한 일을 당할 수도 있다. 예를 들어 조각조각 흩뿌려진 색종이나 장난감 풍선을 비쩍 마르고 키 큰 외형의 사람들과 섞어 놓으면, 그들은 상황을 즐기거나 남을 돕는 것에 능숙하지 못한 사람이기 때문에 경찰을 부를지도 모른다.

뒤에 등장할 골격형에 대해 설명할 때 그들이 온화한 영양형과 전혀 다르다는 사실을 알게 될 것이다.

모든 유형 중 영화관을 가장 많이 찾는다

영화관은 '뚱뚱한 사람의 극장'이라고 부르는 것이 더 적절할지도 모르겠다. 뚱뚱한 사람들만 영화를 좋아하는 것은 아니다. 전국에서 상영되는 영화들은 매우 다양한 사람의 관심사를 다루고 있으므로 모든 인간형의 사람이 영화를 재미있게 즐긴다.

우리는 실제적인 통계를 내보았다. 어느 날 저녁 어떤 한 도시의 극장 입구에서 입장하는 사람들의 유형을 기록해 보았다. 그 결과 다른 모든 인간형을 다 합친 것보다 통통한 사람들이 훨씬 더 많다는 것을 알 수 있었다.

이러한 결과는 인간 분석에 익숙한 사람들이라면 매우 쉽게 이해할 수 있다. 통통한 사람들은 언제나 모든 것을 가장 편안하게 즐길 방법을 원하는데, 영화는 다른 어떤 공연물보다 훨씬 쉽게 그 점을 만족시켜주기 때문이다. 영화를 보고 싶을 때 불쑥 극장을 찾아가면 되고, 영화가 시작되기를 서서 기다릴 필요도 없다.

이것은 그들에게는 결정적인 이점이다. 영양형은 기다려야 하는 것을 좋아하지 않기 때문이다.

그 밖의 성향들

진지한 드라마나 사회적인 문제를 다루는 연극 등은 지루해하지만 서커스만큼은 대부분 좋아한다.

또 어린아이들처럼 그들은 가장 먼저 음식을 요구한다. 뚱뚱한 사람이 화를 내게 되는 거의 유일한 경우는 자신에게 주어진 음식을 빼앗겼을 때이다. 그다음으로 중요하게 생각하는 것은 또 다른 미성숙의 특징이라 할 수면이다.

그들에게 하루 세끼의 풍족한 음식이 제공되고 안락한 침대에서 잠을 잘 수만 있다면 1년 365일 좋은 기분을 유지하며 살아갈 수 있다. 자는 것 다음으로 중요하게 생각하

사랑받기를 좋아하며 남들의 관심을 끌고 싶어 하는 것으로 뚱뚱한 사람들은 자신들의 미성숙함을 드러낸다.

는 것은 겨울의 차가운 바람이 불 때 입을 따뜻한 옷과 난방이다.

만약 해변으로 왔다 갔다 이동하고, 수영복을 입었다 벗어야 하고, 잠시라도 차가운 수온을 참아야 하는 수고로움만 없다면 더 많은 영양형이 여름에 해변을 찾을 것이다.

쉽게 쉽게 쉽게

이들의 관심을 받으려면, 쉽게 얻을 수 있고, 쉽게 처리할 수 있으며, 쉽게 멀어질 수 있고, 쉽게 포기할 수도 있는 것이어야 한다. 커다란 기쁨을 누릴 수 있는 것일지라도 애를 쓰고 노력해야 한다면 보통은 지나쳐버리고 만다.

그들은 정말로 싫어하는 일이라면 거의 하지 않는다. 다른 사람을 설득해 자신이 싫어하는 일에서 빠지게 해달라고 부탁하거나, 누군가가 자기 대신 그 일을 하도록 하는 경향이 있다. 천성적으로 온 신경을 집중해야 하는 어렵거나 힘든 일은 피한다.

태평한 품성

개인적으로나 사회적으로 불편한 상황 즉, 논쟁이나 오해 혹은 온갖 종류의 의견 차이가 벌어지게 되면 토론을 하기보다는 그 상황에서 벗어난다.

각진 얼굴을 하고 있는 경우를 제외하고는(이 경우 전형적인 영양형이 아니다) 이웃이나 가족, 교회 등에서 벌어지는 정치적 논쟁에 참여하지 않는다. 그 상황을 너무나 괴로워하기 때문이기도 하며, 긴장을 싫어하는 온화한 성품 때문이기도 하다.

그들은 본능적으로 평화로운 시기가 가장 편안하다는 것을 알고 있다. 그래서 비록 국가와 관련된 일에서는 '무작정 평화를 누리려' 하지 않는다 해도, 개인적인 일에서는 그런 태도를 지키려 한다. 이처럼 평화를 사랑하는 특성은 체중이 늘수록 더 강하다. 살이 많이 쪘을수록 적대 행위 없이 원하는 것을 얻으려는 경향이 있다.

스포츠를 멀리한다

제아무리 훌륭한 상품을 내걸어도 뚱뚱한 사람에게 격렬

뭐든 쉽게 쉽게

타고난 게으름쟁이

화를 내는 유일한 경우는

음식을 빼앗겼을 때

영화, 서커스는 YES! 스포츠, 서점은 NO!

짧지만 즐거운 인생

한 운동을 하도록 유인하지는 못한다. 테니스, 조정, 육상, 수영 경기를 숱하게 관람했지만 전형적인 영양형에 포함될 수 있을 만큼 뚱뚱한 선수는 찾아볼 수 없다는 것을 우리는 알고 있다.

이러한 경기가 벌어지는 관람석에는 뚱뚱한 사람들이 아주 많지만, 그들의 대화를 들어보면 경기 자체보다는 경기에 참가한 사람들에 대한 관심이 더 많다는 것을 알 수 있다.

그나마 뚱뚱한 사람들이 일반적으로 선택하는 고된 운동은 오픈 카를 운전하는 정도이다. 자동차가 안락하다면 더욱 더 좋아한다. 오래 걷는 것은 전염병을 대하듯 꺼리며 아주 짧은 거리라 할지라도 자동차를 이용한다.

개인적인 성향

성숙하지 못한 태도 때문에 영양형의 사람들은 자신에게 영향을 끼치는 일 외에는 거의 아무것도 관심을 두지 않는다.

가끔은 차분하고 냉정한 태도와 심사숙고하는 듯한 분위기를 띠지만, 그것은 대부분 개인적으로 자신과 아무런 관계도 없는 일에 끼어들기 싫다는 거부의 뜻일 뿐이다.

개인적인 성향은 그들의 행동과 대화 그리고 관심사에서 가장 지배적인 판단 근거이다. 어떤 물건을 좋아하거나 사게 된다면 그것은 자신이 먹고, 입고, 사용할 수 있는 것이어야만 한다. 영양형은 무엇보다 자기 자신을 위한 것에 가장 집중한다.

독서

영양형의 사람은 독서를 즐기지는 않지만 만약 책을 읽는 다면 거의 언제나 재미있고, 단순하고, 감성적인 것을 좋아한다. 신문에서는 만평을 즐겨 보며, 잡지에서는 짤막하고 감성이 충만한 이야기만 골라 읽는다. 사설을 읽는 경우는 거의 없으며 책벌레는 더더욱 아니다. 사실 그들이 읽는 것은 신문 정도이다. 매우 잘사는 부자가 아니라면 서재를 따로 두지 않으며, 만약 있다면 주로 과시하기 위한 것이다.

이 책을 준비하기 위해 우리는 전국의 유명 서점을 돌며 점원들과 많은 인터뷰를 했다. 그들은 거의 예외 없이 과체중인 독자는 별로 없다고 대답했다. "이 서점에 17년간 근무했지만, 110kg 이상 되는 독자는 단 한 명도 없었습니다."라고 대답한 점원도 있었다. 이번 장에서 줄곧 살펴보았듯이 영양형은 음식물을 소화시키는 위장을 중심으로 발달했으며, 그 위장은 글을 읽지 않기 때문이다.

타고난 현실주의자

영양형의 사람은 어린아이처럼 자연스러운 순진무구함을 지니고 있으며 파악하기 힘든 것들에 대해서는 무시한다. 그는 어린아이들처럼 관심사에 있어서도 책이나 강연, 학교 그리고 추상적인 모든 것에 대해서는 무관심한 현실주의자들이다.

신체적 특징

[✚] 최근에 뚱뚱한 친구 한 명이 "나는 쇠라도 소화시킬 수 있어!"라고 주장했다. 이처럼 완벽한 소화 흡수 기관은 이 유형의 가장 뛰어난 육체적 장점이다. 전반적으로 소화 기관이 매우 발달해 있으므로 그는 모든 것을 받아들일 수 있다. 그리고 그 모든 것이 그를 뚱뚱하게 만든다.

최근에 유머작가 어빈 코브가 말했듯이, '케이크를 가지고 있는 것과 먹는 것을 동시에 할 수는 없다는 건 옳은 말이 아니다. 뚱뚱한 사람은 케이크를 먹고 간직하는 것을 동시에 할 수 있기 때문'이다.

[━] 과식하는 경향이 있으므로 이들은 먹고 소화하는 기관은 자연스럽게 잘 발달했지만, 그 때문에 다른 모든 기관들이 지나치게 많은 활동을 해야만 한다. 또한 운동을 싫어하기 때문에 신체적인 효율성도 떨어진다.

순수한 영양형 그리고 그들과 비슷한 성향의 사람들이 장

수하기 위해서는 정상적인 몸무게 범위 내에서 유지해야만
한다.

사회적 태도

[✚] 다정다감한 성향은 모든 인간의 가장 소중한 성격 중
한 가지이다. 이들은 다른 유형에 비해 이러한 성향을 더 많
이 보여주며 쉽사리 변하지도 않는다. 이 유형이 가지고 있
는 또 다른 장점은 유순하고, 붙임성이 좋으며, 친절하고,
사귀기 쉽다는 것이다.

[━] 자신들의 목적을 이루기 위해 아첨과 감언이설 그리
고 이런저런 천진난만하고 사소한 속임수를 활용한다는 것
이 이 유형이 가지고 있는 유일한 사회적 결함이다.

감정

[✚] 시종일관하는 낙관주의가 이 유형의 가장 뚜렷한 감
정적인 장점이다. 제아무리 힘들고 어려운 상황 속에서도 이
들은 어떻게 해서든 희망의 실마리를 찾아낸다. 그래서 우리

는 몹시 나쁜 일이 발생한 곳에는 친구 중 제일 뚱뚱한 친구를 보낸다. 그들이 있는 곳은 모든 것이 더욱더 밝게 보인다. 인간은 늘 희망을 품고 살지만 그들은 나머지 유형들보다 더 강력한 희망을 보여준다.

돈을 잘 쓰는 것도 이들의 뚜렷한 특징이다. 이들의 감정은 늘 바깥으로 향하며, 안쪽으로 향하는 법이 없다. 그들 중에는 인색한 사람이 거의 없다.

[━] 아기들처럼 삐치고 심통을 부리는 것으로 감정을 드러내는 경향은 이 유형의 약점이다. 자세히 지켜보면 알 수 있지만, 그들은 어린 시절에 자연스럽게 배웠던 이러한 성향에서 완전히 빠져나오지 못했다.

사업

[✚] 다른 사람들이 자신을 좋아하도록 만드는 영양형의 능력이야말로 다른 유형의 사람들이 배우고 싶어 하는 최대의 강점이다. 이 유형의 사람을 어떤 사업의 대표적인 인물로 내세운다면 다른 유형의 사람들이 일 년 동안 끌어모을 수 있는 고객을 단 한 달 만에 모을 수도 있다. 일반 소비자들과 직접 상대해야 하는 사업이라면 이 유형의 사람을 적어

도 한 명은 전면에 배치해 두어야 한다.

[━] 이 유형이 사업이나 직업에서 큰 꿈을 펼쳐나가는 데 가장 해로운 성향은 바로 책임을 회피하거나 골치 아픈 상황에서는 빠지고 싶어 하는 습관이다.

가정생활

[✚] 이 유형의 사람들이 지닌 가장 뚜렷한 특징들 중의 한 가지는 가정을 사랑한다는 것이다. 주변 여건이 허용하는 한 이들은 최대한 완벽하게 가정을 꾸려나가려 하며, 종종 파격적인 행동도 서슴지 않는다.

부모로서 이들은 앞날의 행복에 대해 너무나도 태평스럽게 판단하기 때문에 가끔은 자녀들을 버릇없이 기르기도 한다. 하지만 다른 어떤 유형보다 자녀들로부터 더욱 많은 사랑을 받는다. 그들과 자녀들이 거의 비슷한 성향을 지니고 있기 때문에 자녀들과 거의 동등하게 지내고, 스스럼없이 게임을 즐기며, 늘 함께한다.

[━] 그러나 남들에게 기대려 하고, 형제나 자매 혹은 아내의 지원을 받고자 하는 성향은 이들의 가장 주요한 약점이다. 어릴 적부터 스스로 문제를 해결하고, 가족으로서 감당

해야 하는 책임을 분담하는 훈련을 해야 한다.

목표 & 경계

[✚] 자신들이 매우 싫어하는 육체노동을 줄이기 위해서는 머리를 활용하는 지적인 능력을 더욱 발달시켜야 하며, 이 세상의 좀 더 성숙한 상황들에 대해 더 많은 관심을 가져야 한다는 두 가지 목표를 지향해야만 한다.

[➖] 반면, 중간에 쉽게 포기하려 하고, 쉬운 일만 하려 하며, 책임을 지지 않으려는 성향은 반드시 피해야만 한다. 앨버트 허버드는 "손쉬운 일을 찾지 않는 사람은 행복한 사람이다. 그런 사람이야말로 손쉬운 일을 찾게 될 유일한 사람이기 때문이다."라고 말했다. 이것은 뚱뚱한 사람이 영리하지 못하면, 손쉬운 일을 찾지 못하게 되는 이유를 설명해주는 말이다.

최대의 강점 & 최악의 약점

[✚] 이들이 지닌 최대의 강점은 낙관주의, 친절함 그리고

주변 사람들과 잘 어울린다는 것이다. 이런 강점들로 인해 많은 사람들이 성공적인 삶을 살고 있다. 이러한 강점들이 없다면 그 어떤 유형의 사람도 행복하게 살기를 기대할 수 없다.

그들이 지닌 호감과 누구와도 잘 어울리는 친화력은 다른 어떤 유형들보다 더 유리한 장점으로 신체적, 정신적 약점들을 충분히 보상해준다.

[■] 온갖 것에 대한 탐닉, 과식, 과도한 수면, 운동 부족 그리고 책임 회피는 이 유형의 최악의 약점이다. 강점을 아주 많이 지니고 있음에도 불구하고 이러한 암초들을 만나 좌절하곤 한다. 언제나 가장 쉬운 방법을 선택하려고 하기 때문이다. 매일 지금 당장의 편안함을 위해 최대한의 성공을 거둘 수 있는 기회를 포기하곤 한다. 모든 유형들 중에서도 가장 호감이 가지만, 가끔은 게으름으로 인해 가족들의 사랑마저 잃게 되는 경우도 있다.

[사회생활에서 영양형에 대처하는 법]

최대한 많은 음식과 안락한 의자를 제공해야 한다. 어떤 주제이든 길게 이어지는 토론에 끌어들이면 안 된다. 이것이 사회생활에서 영양형의 마음을 얻을 수 있는 비결이다.

또한 어떤 일이 되었든 상관없이, 그들에게 고민거리를 털어놓아서는 안 된다. 그들은 고민하는 것을 싫어하며, 자신들의 고민도 덮어둔다. 행여 그들을 위로하려 자신의 고민거리를 이야기한다고 해도 그들은 그저 불편해할 뿐이다.

좀 더 많은 일을 함께하자는 권유는 절대 해서는 안 된다. 그 자리를 떠나려고 한다면, 즉시 집으로 보내주는 것이 좋다. 잠자는 것을 즐기기 때문에 방해받는 것은 싫어한다.

대화를 나눌 때는 매우 구체적인 일과 문제에 대해 이야기해야 한다. 추상적인 주제는 피해야 한다. 아주 뚱뚱한 사람들과는 식사하기에 가장 좋은 곳과 가장 좋은 공연에 대해 이야기하는 것이 좋다.

[사업에서 영양형을 다루는 법]

육체적으로 고된 일을 맡기지 않는 게 좋다. 고된 일을 시켜야만 하는 경우라면 아주 뚱뚱한 사람 대신 다른 사람을 찾아서 시켜야 한다. 뚱뚱한 사람을 고용했다면 그 결과는 자신이 책임져야 한다.

이 유형의 사람들에게는 지나치게 진지하게 생각해야 하

는 업무를 주어서는 안 되지만, 업무에 대한 기록과 보고 그리고 근무시간에 대해서는 엄격하게 지키도록 해야 한다. 만약 판매직으로 고용했다면 반드시 자신이 한 약속을 지키도록 관리해야 한다. 그가 약속한 것은 꼭 지키기를 기대하고 있다는 것을 알려주는 것으로 업무를 시작해야 한다. 적당히 기분좋은 상황을 만들어 자신이 했던 약속을 얼버무리지 않도록 해야 한다. 이 유형의 사람들은 일반적으로 선량하다.

<u>기억해둘 것!</u>

영양형의 가장 두드러진 특징은
둥글둥글한 외모, 어려보이는 것
그리고 손마디가 보조개처럼 옴폭 들어가 있다는 것이다.

다른 유형의 사람 중에도
이러한 외형이 있을 수 있지만,
이러한 특징이 두드러진 사람은
대부분 영양형이다.

Chapter 2

가슴이 발달한 형

"긴장을 즐기는 사람"

• The Thoracic Type •

다른 기관에 비해 순환기관(심장, 동맥, 혈관)과
호흡기관(폐, 코, 흉부)이 발달한 사람을
'가슴형'이라고 부른다.
이 명칭은 인간에게 매우 중요한 장기인 심장과
폐를 보호하기 위해 갈비뼈로 감싸고 있는 공간,
흉곽thorax에서 유래된 것이다.

예민하고 품부한 감성

가슴이 발달한 형

▼ ▲ ▼

탄력 있는 신체

근육과 신체가 지닌 전체적인 신체 구조가 탄력성이 있는 것이 이 유형의 특징이다. 또한, 혈색이 좋고 가슴이 탄탄하다면 가슴형의 특징을 드러내는 것으로 보면 된다. 혈색이 좋다는 건 순환기관이 잘 발달되어 있기 때문으로 홍조를 띠기도 한다. 이는 얼굴의 미세한 혈관 속의 혈액이 빨리 돌기 때문에 나타나는 것이다.

혈액이 부족하거나 심장이 약한 사람은 혈액순환이 잘 되지 않아서 홍조를 띠지 않는다. 또 이런 사람들은 지나치게 덥다거나 흥분하지 않는 이상 얼굴에 홍조가 나타나지 않는다. 반면에, 혈액순환계가 잘 발달된 사람들은 제아무리 사소한 일일지라도 불편하거나, 기쁘거나, 놀라게 하는 일을 겪으면 얼굴과 목 부분이 빨갛게 달아오른다. 주변에서 이런 말을 하는 사람은 가슴형이다. "정말 난처하단 말이야. 사소한 일에도 얼굴이 빨개지거든. 당신 얼굴을 보라구, 이렇게 오랫동안 함께 걸었는데도 안색 하나 변하지 않는 걸 보면 참 부러워."

가슴이 빵빵한 사람

이 유형의 사람들은 신체에서 가슴 둘레가 가장 크다. 이들의 가슴이 이처럼 큰 이유는 평균보다 훨씬 더 큰 폐를 가지고 있기 때문이다.

가슴이 유난히 크다는 것은 매우 큰 신체적 장점을 가지고 있다는 의미이다. 호흡을 마음껏 할 수 있는 사람은 그렇지 못한 사람들보다 결정적인 이점을 가진다. 폐는 풀무질의 역할을 하여 신체의 중심부로 산소를 공급하며, 만약 산소 공급이 부족하면 심장의 기능이 떨어진다. 큰 폐를 가진 사람들은 효율적인 호흡을 할 수 있는데, 가슴이 잘 발달된 사람들이 큰 폐를 가지고 있다.

긴 허리

긴 허리는 이 유형의 또 다른 특징으로 큰 폐와 심장이 있기 위해서는 특별히 넉넉한 공간이 있어야 하기 때문이다. 남녀 모두에게서 이러한 특징을 쉽게 찾아볼 수 있다.

당신이 꼼꼼한 관찰자라면, 다른 사람에 비해 허리선이 훨씬 더 아래에 있는 사람들을 보았을 것이다. 가슴형의 사람은 비슷한 키를 가진 사람들 중에서도 상체와 하체를 나누는 허리선이 훨씬 더 아래쪽에 있다.

가슴형 자가 진단법

자신의 몸에 맞는 적당한 길이의 기성복 코트를 찾기 어려운 남성이라면 가슴형에 속한다고 생각해도 된다. 자신의 허리를 충분히 감싸주지 못해 예쁜 드레스를 포기해야만 하는 여성 역시 같은 경우이다.

긴 허리와 불룩한 가슴을 가진 여성은 일반적인 여성보다 엉덩이는 작고 어깨는 약간 더 넓어 보인다. 남성의 경우에는 꼿꼿한 자세의 군인 같은 인상을 풍기며 넓은 보폭으로 성큼성큼 걸어가면 사람들의 부러운 시선이 느껴질 것이다.

가오리연 모양의 얼굴형

우선, 머리의 형태가 눈에 띌 만큼 우뚝하다는 것이 가슴형의 주요한 특징이다. 다른 인종보다 앵글로 색슨족에서 많이 찾아볼 수 있는데, 이것은 가슴형의 특징이 인종적인 특징으로 나타난 경우이다.

다른 유형의 인간형보다 이들의 머리 형태가 가장 잘 생긴 것으로 알려져 있으며, 기품 있고 지적인 외모로 인정받는다. 앞이나 뒤에서 볼 때 넓어 보이지 않으며 키에 비해 영양형의 머리보다 약간 좁은 경향이 있다.

순수한 가슴형의 얼굴은 광대뼈 부근이 가장 넓으며, 이마와 턱 쪽으로 갈수록 점점 좁아진다. 하지만 턱이나 정수리가 뾰족한 형태라고 볼 수는 없으며, 다만 코 부분이 유별나게 넓어서 광대뼈 위나 아래로 조금씩 좁아지는 것으로 보이는 가오리연 모양의 얼굴형이다.

발달된 코와 뛰어난 폐 기능

전형적인 가슴형은 코가 잘 발달되어 있어 두드러지게 우뚝하고 넓은 코를 가졌다. 코의 길이가 길 뿐만 아니라, 콧마

루 역시 잘 발달해 있다. 이들의 코가 넓고 긴 이유는 명확하다. 코는 호흡기의 입구와 출구 역할을 하는데, 큰 폐의 용량은 공기를 흡입하고 배출하는 데 있어 넓은 출입구를 필요로 하기 때문이다.

코가 길고 우뚝하며, 광대뼈가 널찍하다면 폐의 기능이 우수하며 신체 에너지를 빠르게 소모하는 사람이다. 콧등이 나지막하거나 굽었으며 광대뼈가 전반적으로 좁은 사람은 폐의 기능이 약한 사람이다. 이런 사람들은 신체 에너지를 상대적으로 느리게 소모하게 된다.

뾰족한 손과 아름다운 발

전형적인 가슴형의 손은 뾰족한 모양이다. 검지가 유난히 길며 손가락을 모두 펼쳤을 때 뾰족한 손 모양이 명확히 드러난다. 이처럼 손 모양이 뾰족한 사람들은 대개는 가슴이 잘 발달되어 있다.

이러한 요소들을 갖추지 않은 가슴형도 있을 수 있지만, 이것은 전형적인 가슴형의 특징이다. 전형적인 가슴형의 손은 일반적인 사람들보다 더 갸름하고 붉은 빛을 띠고 있다.

발은 다른 유형에 비해 발볼이 좁으며, 둥근 아치형의 모양이다. 그래서 신발을 신었을 때 맵시가 더 예쁘다.

경쾌한 동작과 우아한 앉는 자세

민감하고 민첩한 가슴형의 사람들은 언제나 '행동에 옮길 준비'가 되어 있다. 이 유형의 사람들은 모두 손과 발을 민첩하고 활발하게 사용한다. 또한 모든 종류의 도구를 거침없이 잘 다루며 그들의 행동은 다른 유형의 사람들보다 한층 더 우아하다.

'경쾌한 걸음걸이'라는 표현은 바로 이 가슴형 사람들의 걸음걸이를 표현하기 위해 만들어진 표현일 것이다. 제아무리 바삐 걷는다 해도 이들의 걸음걸이는 다른 유형들에 비해 보다 더 우아하고 품위가 있다. 비틀거리며 걷지 않고, 춤을 출 때 파트너의 옷자락을 밟는 법도 없다.

보통 자리에 앉는 방식을 보면 사람들의 성품을 대략 알아차릴 수 있다. 가장 먼저 알아챌 수 있는 것은 천성적으로 품위가 있는 사람인지 아니면 세련되지 못한 사람인지이다. 앉을 때 편안하고 품위 있게 걸친 듯 앉았다가 가볍게 일어나는 사람이라면 대개 가슴형이다.

에너지가 넘치는 이 유형의 행동은 가끔 '안절부절 못하는'

태도라는 인상을 주기도 하지만, 다른 유형의 사람들이 보여주는 불안정한 모습에 비하면 편안하고도 품위 있어 보인다.

예민한 시각과 청각

청각과 시각이 예민하다. 소리와 풍경 그리고 냄새처럼 매일 매순간마다 인간의 감각을 자극하는 수많은 것들에 대해 이들은 보다 더 빠르고 강렬하게 반응한다. 신체의 모든 감각은 우리가 생각하는 것보다 훨씬 더 많이 심장과 폐의 기능에 영향을 받는다.

5분 정도 심장이 쿵쿵거릴 정도로 빠르게 걷고 난 뒤 깊게 심호흡을 해보라. 매우 예민해져 있는 신체의 감각을 느낄 수 있을 것이다. 가슴형의 사람들은 이런 예민한 상태를 언제나 유지하고 있다. 이 유형의 심장과 폐는 늘 최고의 속도로 움직이고 있기 때문이다.

열이 많다

체온은 혈액의 양과 순환 속도에 따라 변화하기 때문에 이들은 다른 유형에 비해 언제나 체온이 더 높다. 열에 무척 민감한 이들은 따뜻한 방이나 따뜻한 기후를 매우 힘들어 하며 겨울철에도 그다지 많은 옷을 입지 않는다. 여름에 해변에서 수영을 즐기는 사람들의 대부분은 가슴형의 사람들이다.

쉽게 흥분한다

신체 감각이 예민하며 얇고 민감한 피부 때문에 이들의 신경은 마치 바이올린의 현처럼 팽팽하게 긴장되어 있다. 거기에 더해 즉각적으로 행동하기 때문에 이 유형은 쉽게 흥분하는 경우가 많다. 목소리가 태생적으로 매우 높은 하이 C의 음조를 가지고 있기 때문에 흥분을 잘하는 기질을 갖고 있다. '울화통이 많은 기질'은 대부분 천성이기 때문에 매우 즐거워하는 모습만큼이나 화를 내는 모습도 자주 볼 수 있다.

의식적인 행동

이들은 의식적으로나 무의식적으로나 항상 남들에게 '계

속 연기를 해 보이는' 행동을 한다. 매 순간 남을 의식해서 행동하므로 매우 매력적인 사람으로 보여지기도 한다. 매순 간 자신의 감정을 표현하며, 일상생활에서 마주치는 다양한 순간의 열두 가지의 수많은 감정들을 끊임없이 남들에게 보여주려 한다.

성급한 성미

'버럭 화를 내는' '이성을 잃을 만큼 흥분한'과 같은 표현은 바로 이 가슴형의 사람을 나타내기 위해 만들어진 것이다. 다른 유형들은 어느 정도 감정을 조절해서 나타내지만 이들은 상대방의 눈치를 보지 않고 수시로 자신의 감정을 표현한다.

불같은 성격은 가슴형의 주요한 기질이다. 하지만 불같은 성격을 지닌 이 사람들의 주변에는 마음이 따뜻한 친구들이 아주 많다. 사실 사람들이 싫어 하는 사람은 불평불만이 많지만 표현하지 않는 사람이다. 그런 사람은 쉽사리 화를 내지는 않지만 아주 오랫동안 가슴에 담아 놓는다. 하지만 순식간에 버럭 화를 내고는 금방 또 화를 푸는 사람은 친한 동료도 많고 따르는 사람도 많은 법이다.

붉은색 머리카락

머리카락이 금발이거나 갈색 혹은 그 중간의 색이라면 이 유형에 속할 가능성이 조금 있다. 하지만 머리카락이 붉은 사람이라면 거의 대부분 이 유형에 속한다. "그의 머리카락이 괜히 붉은색인 게 아니야!"라는 말은 성질이 괄괄한 이 유형에게 잘 어울리는 말이다.

흥미로운 점은 혈색이 좋고 가슴이 잘 발달된 사람들은 대부분 머리카락이 붉다는 것이다. 거리를 걷다가 머리카락이 붉은색인 사람을 마주치게 되면, 그들의 얼굴도 다른 사람들보다 확연히 더 붉다는 것을 알게 될 것이다. 혈색이 좋으면서 머리카락이 붉은 것은 이 유형의 특징을 잘 나타내는 것이다.

인정받고 싶은 욕구

아주 조금이라도 존경과 부러움의 대상이 되고자 하는 성향이 가슴형의 특징이다. 누구나 다 이러한 성향은 있겠지만 이들보다 더 적극적으로 그러한 성향을 드러내지는 않는다. 다른 유형들은 존경과 부러움의 대상이 되는 데 필요한 희생과 노력을 이들만큼 기꺼이 받아들이려 하지 않기 때문이다.

모든 사람은 인정받고 싶은 욕망이 있겠지만, 대부분의 경우 자신이 속한 유형의 특성에 따라 조금씩 추구하는 욕망이 다르다. 어떤 사람이 가장 원하는 것이 무엇인가를 알기 위해서는 그의 행동을 보면 된다. 어떤 것을 소유하고자 하는 사람은 그와 관련된 이야기를 하고 싶어 하고, 그것을 가진 사람을 부러워하며, 그것을 가지기 위해 뭔가를 시작하고자 계획을 세우기도 한다. 하지만 그것을 진짜 진정으로 열망하는 사람이라면 끊임없이 그것을 추구하고 자신의 여가 시간과 즐거움 그리고 자신을 희생하면서라도 마침내 그것을 차지하려 할 것이다. 가슴형의 사람들처럼.

다른 유형에 비해 유난히 타인의 주목을 받고 싶어 하는 것은 인정 욕구를 한층 더 충족시키고 싶어 하기 때문이다. 다른 사람들이 명성을 얻고 싶다는 생각만 하고 있을 때 이들은 실제로 실천하고 노력하면서 그 목표를 성취한다.

친구들과 많은 사람의 찬사를 받는 것은 그가 살아가는 데 활력이 된다. 극단적인 경우, 찬사를 얻기 위해서라면 자신을 버릴 수도 있다고 생각한다.

강렬한 열망

영양형이 세일즈 분야에서 자신의 능력을 보여주는 것처럼 이들은 모든 형태의 무대에서 천연덕스럽게 활동한다. 이 유형의 소년 혹은 소녀가 사람들에게 주목받는 직업이나 영화계를 목표로 삼으면, 그들의 부모가 제아무리 설득해도 막을 수가 없다.

연예계 매니지먼트 사무실은 언제나 이러한 가슴형 사람들로 북적인다. 대부분의 예술가들이 자신이 선택한 분야에서 성공을 거둘 수 있도록 이끌어주는 것은 이들의 강렬한 열망이다.

그들이 목적을 이루는 것은 각 개인의 재능에 따라 결정되겠지만, 그 목표를 향한 열망만큼은 언제나 가슴속에 있다.

타고난 감수성

다른 사람의 인생을 대신 살아보면서 그 사람의 감정을 느껴볼 수 있는 것, 그 사람이 처한 상황과 심리 상태에 몰입하여 당분간 거의 그 사람이 되어 살아가는 것. 이것이 진정한 연기의 핵심이다.

이 유형의 사람들은 태생적으로 이런 감수성을 지니고 있다. 보통은 오랜 시간 동안 만나고 함께 생활해본 후에야 비로소 상대의 입장에서 생각해볼 수 있게 된다. 하지만 가슴형의 사람들은 매우 빨리, 저절로 그런 태도를 취할 수 있다.

성공을 위한 뼈를 깎는 노력은 환영

어떤 분야에서든 크게 성공을 거두고 명성을 얻게 된 사람들은 '엄청난 노력이 성공의 비결'이라고 말하곤 한다. 성공을 위해 쏟아 부었던 자신의 노력을 가장 큰 성공 요인으로 내세우는 것이다.

모든 성공에 뼈를 깎는 노력이 필요한 것은 너무나 당연한 일이다. 하지만 정상의 자리에 오르기에 충분한 재능을 갖춘 사람들은 강한 내적 욕구를 가지고 있어서 그 방향으로 노력하는 것을 힘들어 하지 않는다. 자기 분야에서의 성공을 위해 오랜 시간 집중하고 노력하는 것이 이들에게는 고통스러운 일이 아니라 오히려 즐거운 일이 된다. 그래서 성공을 위해 거쳐야 할 여러 가지 단계들을 자발적으로 선택한다.

붉은 얼굴, 탄탄한 가슴

경쾌한 걸음걸이

남다른 야망의 화신

버럭 화를 내고 금방 잊어버린다

혈색 좋고 붉은 머리칼의 그 or 그녀

백발백중 괄괄한 성격

나는야 무대형 체질

야망의 조건

사람은 누구나 일을 적게 하려는 본성을 지니고 있다. 또한 무엇보다 무언가를 소유하려는 본능으로 똘똘 뭉쳐져 있는 존재이다. 그다음으로 강한 본능은 다양한 감정을 느끼려는 것이고, 마지막으로 생각하는 본성을 지닌 존재이다. 사람이 진심을 갖고 어떤 일을 성취해냈다면, 그 일을 좋아해서가 아니라 소유하고 느끼겠다는 본능을 충족시키려 했기 때문이다.

쉬고 싶다는 욕구는 다른 어떤 욕구보다 강해서 사람들은 쉬고 싶다는 욕구를 항상 우선한다. 하지만 어떤 일을 성취하겠다는 야망을 품고 있는 사람들은 그 휴식의 욕구를 이겨낸다.

그렇다면 무엇이 야망이 있는 사람과 그렇지 못한 사람의 차이를 만드는 것일까? 야망은 그 사람의 두드러진 생리학적 체계에 따라 구체적으로 결정된다. 예를 들어, 위대한 가수들은 한결같이 가슴형의 특징을 가지고 있다. 우리의 몸은 다른 어떤 것보다 뚜렷하게 인간의 재능에 영향을 끼치고 있는데, 명성을 얻은 가수들은 누구나 폐의 기능이 남달리 우수하고, 가슴이 탄탄하며 코 부분이 뛰어난 공명 역할을 하며, 특별히 우수한 성대를 지니고 있다. 게다가 그들은 남다

세계적인 테너 카루소가 위대한 가수가 될
수 있었던 것은 엄청난 폐활량 덕분이었다.
1921년 2월, 모든 신문이 앞다투어 그가 하
루도 더 살 수 없을 것이라는 기사를 쏟아냈
지만, 그는 병을 잘 견뎌낼 수 있었다. 그리
고 그 후로도 6개월을 더 살 수 있었던 것은
그의 뛰어난 심장 덕분이었다.

른 야망을 품고 있기까지 하
다.

커다란 심장과 폐에서 비롯
된 뛰어난 재능과 그 재능을
바탕으로 한 야망의 실현은 다
른 유형과 확연히 구분되는 가
슴형의 특징이다.

베스트 드레서

주변에 옷을 맵시 있게 잘 차려입는 사람이 있다면 그들은
거의 이 가슴형에 속하는 사람이다. 이것은 결코 우연이 아
니다. 가슴형의 사람은 눈썰미가 좋아서 다른 유형들에 비해
색감이나 옷맵시에 더 예민하다. 이러한 성향이 뛰어난 스타
일과 감각적인 옷맵시의 바탕이 된다.

이들은 다른 사람들의 인정을 받고 싶어 한다. 비록 옷을
잘 입는다는 것만으로 평판이 좋아지지는 않겠지만 의상 때
문에 나쁜 이미지를 줄 수 있다는 것도 알고 있다. 이러한 생
각에서 이들은 옷차림에 신경을 쓴다.

보통 어떤 사람에 대한 첫인상은 그 사람이 입고 있는 옷

으로 결정되기도 한다. 그리고 그 첫인상은 거의 바뀌지 않는다. 그러니 복잡다단한 인간관계에서 옷차림은 매우 중요하다.

가슴형의 사람들은 다른 사람의 태도에 매우 민감하게 반응한다. 타인의 반응이 자신의 개성을 표현하는 데 매우 중요한 역할을 하기 때문이다. 이들은 어린 시절부터 옷차림에 따라 자신에 대한 사람들의 의견이 달라지며, 본인의 개성을 표현하는 데 의상이 많은 도움이 된다는 것을 직감적으로 알고 있다.

그래서 이 유형의 사람들은 종종 패션의 대명사 혹은 스타일의 전형이 되곤 한다. 자의식이 무척 강하기 때문에 혼자 있을 때라도 한눈에 멋지고, 우아하며, 감각적인 옷으로 차려입고 있으려 한다. 옷차림에 무관심하고 제대로 차려 입을 줄도 모르는 유형도 있지만, 가슴형 사람들은 옷을 입는 문제에 대해서는 언제나 예민한 감각을 유지하고 있다.

시대를 앞서는 감각

옷을 잘 차려입는 탁월한 멋쟁이들은 유행에 민감하며 의상에 있어 '최후의 한 수'를 마련하고 있다. 그는 늘 그 시대를 한 발짝 앞서 간다. 이들의 넥타이와 손수건 그리고 넥타이핀은 언제나 최신 유행을 선도한다. 이들은 남자든 여자든 거의 대부분 맵시 있게 입는 옷으로 많은 사람의 인정을 받는다.

일반 대중들은 우리가 생각하는 것보다 스타일과 유행에 민감하게 반응한다. 그래서 남들보다 앞서 유행을 만들어가는 사람에 대해 즉각적인 찬사를 보낸다. 유행을 앞서 가는 것이야말로 찬사를 얻는 가장 빠른 길이며, 이 유형의 사람은 그러한 풍조를 잘 활용한다.

최신 헤어스타일

최신의 헤어스타일은 언제나 이 유형의 여성들이 이끌어 간다. 일반적으로 이들은 다른 유형의 여성들에 비해 아름다워서 그 어떤 스타일로 머리를 꾸며도 잘 어울린다. 가슴형의 여성들은 얼굴에 착 달라붙는 헤어스타일이 유행하면 포마드 기름을 발라 온통 반짝이고 윤이 나도록 머리카락을 찰싹 붙이고, 파마가 유행하면 밤새 소파 쿠션에 기대어 마치 종이 같은 컬을 만들며 그 누구보다 눈에 띄는 헤어스타일을 시도한다.

끊임없는 스타일 과시

자신에게 쏟아지는 관심을 지속시키기 위해 이들은 언제나 새로운 옷으로 스타일을 과시한다. 언제나 스스로에 대한 깊은 관심으로 자기가 입고 있는 옷차림이 어떤 효과가 있을지 잘 알고 있는 것이다. 또한 자신을 표현함에 머뭇거림이 없다. 혹시라도 소심해지는 상황에 빠지면 인정받고자 하는 욕구가 다른 유형에 비해 강하기 때문에 훨씬 고통스러워 한다.

예민하고 풍부한 감성

자극에 대한 끊임없는 반응이야말로 이 유형의 가장 중요한 특징이다. 그 때문에 이들은 생리적으로나 심리적으로 주변의 영향을 많이 받는다.

인생은 온갖 종류의 자극들로 이어진다. 그래서 깨어 있는 동안 오감을 통해 받게 되는 모든 자극에 예민하게 반응하는 이들은 말 그대로 항상 신경과민의 도가니에 빠져들게 된다. 이처럼 지극히 과민한 체질을 지닌 이들은 다른 인간형에 비해 일상사의 모든 사건들로부터 더 많은 감정을 받아들인다. 평생 살아가는 동안 남들보다 훨씬 더 많은 기쁨을 느끼기도 하지만 동시에 슬픔의 감정도 더 많이 느낀다.

적극적인 표현

오르간보다 훨씬 더 많은 음색을 만들어내는 바이올린처럼 가슴형의 사람들은 다른 인간형에 비해 훨씬 더 활력이 넘친다. 적극적으로 표현되는 그들의 목소리와 태도 그리고 행동은 너무나도 확고해 종종 전혀 충동적이지 않은 사람처럼 보이기도 한다. 적극적인 표현은 이 유형에게는 너무나도 자연스럽고 정상적인 것이어서, 종종 '꾸며낸 행동'을 한다는 평판이라도 들으면 깜짝 놀란다.

빠른 속도의 사고력

사람들은 누구나 자신의 기준에서 남을 평가하는 경향이 있다. 정신적으로나 신체적으로 이들보다 활달하지 못하고, 예민하지 못한 사람들은 이 가슴형의 사람들이 '머리가 비어 있다'고 생각한다. 일반적으로 이들의 뇌는 전혀 비어 있지 않다. 가슴형의 뇌는 오감이라는 전선을 통해 전달되는 모든 메시지들을 받아들이며 언제나 활발히 활동하고 있다.

이 유형의 사람들은 특히 이러한 오감의 전선이 다른 유형에 비해 보다 더 팽팽하게 긴장해 있다. 그들은 시각, 청각, 미각, 감각 그리고 후각을 통해 받아들이는 감각들을 훨씬 더 빠르게 받아들인다. 모든 메시지들이 보다 더 빨리 뇌에 전달되며, 감각은 우리 사고 작용의 중요한 부분을 차지하고 있기 때문에 이들의 뇌는 다른 유형의 사람들보다 좀 더 빠르게 생각에 돌입한다.

생각을 빨리한다는 것이 반드시 좋은 것만은 아니다. 가끔은 천천히 생각할 필요도 있다. 하지만 다른 인간형의 사고력과 비교한다면 이들이 보여주는 빠른 생각의 속도는 경솔함이 주는 손실을 많이 보상해준다. 다른 인간형에 비해 판단에 좀 더 많은 실수를 하지만 재빠른 방향전환을 할 수 있으므로 다른 인간형의 사람들이 결정을 내리지 못하고 머뭇거리는 동안에 성급했던 실수를 쉽사리 만회할 수 있다.

이 유형에게 잠시 생각할 시간을 갖도록 가르치기란 매우 힘든 일이다.

불안한 변덕쟁이

자기 마음대로 행동하려는 성향 때문에 이들은 아주 큰 불행과 실패를 맛보기도 한다. 너무나도 재빠르게 몰입하기 때문에 이들은 자기가 처한 상황의 다양한 요소를 모두 고려하는 데 실패하곤 한다.

예를 들면, 신체적인 감각이 어떤 일을 해야만 한다고 이끌면 즉각 행동에 돌입하지만, 그것에 대해 다시 한 번 생각하면 그 순간에 바로 그것이 잘못된 판단이었음을 알게 된다. 자신의 잘못을 금방 알아차리고 바로 태도를 변화시키지만 그로 인해 종종 변덕스럽고 불안한 사람이라는 소리를 듣는다.

또한, 얼굴과 몸 그리고 목소리가 시시각각 변하고 모든 일에 대답과 반응이 번개처럼 빨라서 '변덕쟁이'라는 평판을 듣기도 한다.

높은 성공 확률?

모든 인간은 잘난 체하고, 근시안적이며 자기중심적인 성향을 지니고 있다. 만약 당신이 일 년에 두 가지 결정을 내리고 그중 하나에서 실수를 했다고 하자. 당신의 성공 확률은 50%밖에 안 되지만, 여섯 달 동안 여섯 번의 잘못된 거래를 하는 가슴형의 사람을 보면 자신이 훨씬 더 우수하다는 의기양양한 생각을 하게 된다. 하지만 보통의 가슴형 사람은 훨씬 더 많은 결정을 내리고 행동하므로 전체 비율로 보자면 이것은 천 번에 한 번꼴로 실수를 범한 것이다. 즉 이들 입장에서는 다른 사람들에 비해 성공 확률이 더 높은 것이라고 할 수 있다.

하지만 사람들에게 가장 중요한 것은 안정성에 대한 믿음이다. 따라서 가슴형에 속하는 사람이라면 이러한 잘못된 인상이 동료들의 마음속에 자리잡지 않도록 노력을 기울여야만 한다.

행동을 침착하게 하고, 결정을 내리는 데 좀 더 천천히 하도록 노력해야 하는 가장 큰 이유는 자기 자신의 미래를 위한 것이기 때문이다. 끊임없이 결정을 내리고 그것을 자주 변경해야만 하는 사람이라면 결코 목적지에 도달할 수가 없다.

어떤 한 가지 목적을 향한 분명한 목표는 발전을 위한 필수적인 요소이다. 이 목적은 심사숙고해서 정해야 하며, 자신의 개성과 재능, 훈련, 교육, 환경 그리고 경험을 총동원하여 그 목표에 이르는 데 방해가 되는 것은 아주 작은 것이라도 끼어들 수 없도록 확고한 결심을 품고 있어야만 한다.

개인적인 성공을 거두는 데 있어 중대한 문제는 중요하지 않은 것들을 배제하는 것이다. 시간과 노력, 돈과 에너지를 빼앗아 가는 대부분의 것들은 단지 부수적인 것들에 불과하다. 그러한 것들에 너무 많이 주의를 기울이고 있다면 절대로 가치 있는 앞날을 개척할 수 없다.

경미한 흥분의 빛과 그림자

겉으로 어떻게 보이든 가슴형의 사람들은 언제나 약간은 들떠 있다. 보고, 듣고, 만지고, 맛보고, 냄새를 맡는 모든 것이 그처럼 예민한 감각으로 전해지기 때문에 순간적일지라도 일정한 종류의 모험 속에서 살고 있는 것이다. 이들은 변화가 없는 환경에서는 활력을 잃으며 단조로운 것을 견디지 못한다.

가슴형은 참을성이 없다. 그 때문에 거침 없고 잦은 자기표현으로 비싼 대가를 치르기도 하지만, 최소한 자신은 '정신적인 피로'로 인한 고통은 거의 겪지 않는다.

"절대 똑같은 1분은 없다."라는 말은 가슴형을 가장 적절하게 설명해준다. 이들은 한 감각에서 또 다른 감각으로 생생하고 빠르게 옮겨 다니며, 각각의 느낌을 너무나도 완벽하게 표현해내므로 곧바로 다음 감각을 맞이할 준비가 되어 있다. 자신의 감정을 억누르지 않기 때문에 다른 유형에 비해 심리적인 콤플렉스가 적다.

감추지 않는다

대부분의 사람은 생각보다 훨씬 더 흥미진진한 존재다. 하지만 이 세상은 독심술사들로 구성된 것이 아니니 알 수가 없다. 게다가 사람들은 자신의 가장 흥미진진한 생각이나 흥미로운 면은 속으로 간직하고 감춘다. 가장 친한 친구일지라도 진정한 자신의 본모습을 엿볼 수 있게 해주는 경우는 거의 없다. 이러한 점을 단점이라고 생각하면서도 그렇게들 한다.

우리는 보통 자신을 감추려고 하며 그것을 들추어내려는 시도는 거부한다. 하지만 이 가슴형만큼은 그렇지 않다. 그는 자기 주변의 사람들에게 자신의 머릿속에 떠오르고 있는 생각을 언제나 다 알려준다. 우리는 모두 가면을 씌우지 않은 진정한 모습에 관심이 있으므로 이 유형의 사람들을 자주 찾게 된다.

이들은 숨기는 것을 좋아하지 않는다. 비밀을 좋아하지 않는 것이다. 필요한 경우 외에는 자신의 계획과 방식을 감추어두려 하지 않는다. 가족에게는 물론 새롭게 사귄 친구일지라도 현재 자신의 계획과 기대하고 있는 것들에 대해 숨김없이 이야기한다.

다른 사람에 관해 이야기를 해야 할 경우, '어떤 사람들'이라고 모호하게 지칭하는 천성적으로 비밀스러운 사람들은 이들 유형과는 정반대의 성향인 것이다.

인간적인 관심사

사람들은 일반적으로 친구들의 사소한 일상사에 대해서도 관심이 있다. 모든 잡지와 신문이 이러한 '인간적인 관심'을 불러일으키는 이야기를 소개하는 것도 그러한 이유 때문이다. 대개 국제 관계에서 대통령이 어떤 결정을 내리는지에 대해서는 무관심할 수 있지만, 그가 아침 식사로 특별히 무엇을 먹었는지는 흥미로울 수 있다. 대통령의 취임연설을 꼼꼼히 찾아 읽는 사람은 드물지만, 만약 대통령이 '내가 일요일에 하는 일'이라는 책을 출간한다면, 곧장 베스트셀러가 될 것이다.

이렇게 개인적인 경험과 개인적인 비밀들 그리고 개인적으로 좋아하는 것들은 대부분의 사람이 관심을 가지는 주제이다. 가슴형의 사람들은 바로 이런 이야기들로 주변의 친구들에게 즐거움을 준다. 그는 누구보다 더 솔직하고 거침없이 이러한 이야기를 들려준다. 거리낌없는 솔직함과 다른 사람들이 모르고 지나치는 흥미진진하고 세세한 내용을 가려낼 줄 아는 능력 때문에 이들에게는 친구가 아주 많다.

매력적인 수다쟁이

가슴형의 사람들은 세상의 모든 것에서 특별하고 매력적인 면모를 찾아낼 수 있으며 생생하고 흥미진진한 언어로 그것을 전달해준다. 만약 자기 자신이 진심으로 흥미를 가진 문제라면 다른 사람들에게도 흥미진진한 문제로 전달할 수 있다. 이 유형의 사람들은 자신이 보고 느낀 것을 남들에게 잘 전달한다. 그래서 가장 매력적인 수다쟁이로 널리 알려진다.

스스로 흥이 나서 행동하는 사람들은 사랑을 받는다. 사람들은 대부분 단조로운 삶을 살면서 많은 것을 억누르지만, 가끔은 감정을 마음껏 드러내고 싶은 충동을 느끼기도 한다. 이 유형의 사람들은 주변의 모든 것에 섬세하게 반응한다. 인생에서 겪는 모든 경험은 그의 감성 풍부한 마음속에 생생한 기록으로 남는다. 이들은 그 기록을 아낌없이 흥겹게 들려주는 것으로 주변 사람들을 즐겁게 만든다.

"이야기가 폭포수처럼 쏟아진다."는 말은 이 유형의 사람을 묘사하기 위해 만들어진 말이 분명하다. 자신의 감정과 생각이 드러나지 않도록 매우 조심하는 사람도 있지만 이들은 자신의 감정과 생각을 아주 즐겁게 쏟아낸다. 그래서 조용하고 내성적인 성격의 사람들은 이들을 '이야기꾼' 혹은 '웅변가'라고 부르기도 한다.

"저 사람의 이야기는 거북해." 과묵하고 완고한 사람들은 거침없이 그리고 끊임없이 말을 하는 사람을 꺼려한다. 그러나 가슴형의 사람은 솔직하게 모든 것을 말하는 일이 너무나 자연스러운 것이기 때문에 다른 사람들을 피곤하게 만들 수도 있다는 것을 전혀 의식하지 못한다.

아름다운 목소리

매우 아름다운 목소리를 가진 사람들은 대부분 이 유형에 속한다. 앞에서도 언급했듯이 이것은 생리적인 원인에서 비롯된 것이다. 탄탄한 가슴, 예민한 성대, 훌륭한 공명판 역할을 하는 널찍한 코로 이들은 다양한 음색을 자유자재로 표현해낼 수 있다. 절대 말을 아끼지 않는 이들은 듣기 좋은 목소리와 생생한 표현 능력을 바탕으로 흥미진진한 이야기들을 거침없이 들려준다. 이것은 많은 사람을 자신의 주변으로 끌어들이는 특별한 재능이기도 하다.

뛰어난 유머 감각

이 유형의 사람들은 이 세상에서 벌어지는 모든 일에서 재미있는 요소를 발굴해내는 능력이 뛰어나다.

진정한 유머는 뭐라 꼬집어 말하기 어려운 엉뚱한 것을 찾아내 말로 표현해내는 것이다. 이러한 것들을 찾아내기 위해서는 가슴형이 천성적으로 갖추고 있는 예민함이 꼭 필요하다. 다른 유형의 사람들도 가끔은 이처럼 날카로운 유머감각을 갖추고 있는 경우가 있다. 이러한 재주가 가슴형에게만 있는 것은 아니다. 하지만 거의 모든 익살꾼의 기질에 이 가슴형의 특징이 가장 두드러지게 나타난다는 것은 의미심장한 사실이다.

지루할 틈이 없다

가슴형은 그 사람 자체로 매우 흥미진진하다. 평소에 조용하고 자기표현을 거의 하지 않는 사람들에게는 그처럼 쉴 새 없이 솔직하게 말을 할 수 있는 그들이 그저 신기할 것이다.

그들은 절대 지루해질 수 없는 사람들이다. 이런저런 요리의 소스에서부터 칵테일에 이르기까지 그들은 모든 것에 관심이 있으며, 다소 무뚝뚝한 사람들에게까지도 영향을 미친다.

기복이 심한 감정

이 유형의 사람들이 느끼는 감정들을 기록할 수 있다면, 아마 '한순간에 뛸 듯이 기뻐하다 금세 슬퍼한다' 정도가 될 것이다. 도대체 왜 그런 감정이 생겼다가 없어지는지 그 원인을 알아차릴 수도 없을 만큼 기복이 심하다. 이처럼 설명하기 힘든 감정 상태는 대개 의식적인 과정에서는 인식되지 않은 채 그들의 무의식에 도달하는 감각에 의해 비롯되는 것 같다.

뛰어난 직관력

어떤 일이든 쉽게 이해하고, 재빠르게 반응하는 능력으로 이들은 다른 사람들에 비해 '직관적'이라는 평가를 듣는다.

옛날에는 외부의 어떤 것을 '육감'으로 알아차린다고 했지만, 오늘날의 심리학자들은 그 대신 '직관'이라는 과학적인 용어를 사용한다. 직관이라는 것은 비정상적이거나 초자연적인 원인에서 비롯되는 것이 아니라 인간의 자연스러운 정신적 과정을 통해 얻을 수 있다.

과학자들은 이 유형의 사람들이 남들에 비해 어떤 느낌을 강하게 느끼는 것은 생각을 매우 빠르게 할 수 있다는 사실에서 비롯된다고 한다. 그가 의식하는 유일한 것이 있다면 주로 '육감'이라는 것을 통한 최종적인 결과이다. 그 결과에 도달하는 과정에서 더해지거나 빠지는 과정에 대해서는 인지하지 못한다.

짜릿한 긴장감

이 유형의 사람들에게는 종종 '쏜살같은'이라는 수식어가 따라 붙는다. 모든 인간형 중에서 가장 쉽게 흥분하지만 가

남의 눈을 의식한다

매력적인 수다쟁이

뛰어난 직관력

멋지고 우아하고 감각적인 옷차림

한순간에 뛸 듯이 기뻐하다가도
금세 슬퍼하는 널 뛰는 감정

짜릿한 로맨스와 모험을 꿈꾼다

장 빨리 가라앉기도 한다. 모든 감정 상태에서 쉽게 빠져나올 수 있다. 감정의 영향을 많이 받기 때문에 이들은 곧바로 후회하게 될 일을 저지르기도 한다.

이 유형의 사람들은 일반적으로 순식간에 일처리를 하거나 아예 하지 않아 버린다. 이들은 언제나 방아쇠를 당길 준비가 되어 있다. 그로 인해 평생 수많은 일을 일으키면서 누구보다 더 흥미진진한 삶을 산다. 다른 사람들은 무심히 넘기는 것들에서도 무언가를 발견하기 때문에 평범한 일에서도 짜릿한 긴장감을 맛보곤 한다.

모험가

이 유형의 사람들은 언제나 로맨스와 모험을 꿈꾼다. 짜릿한 모험과 새로운 자극을 얻기 위해 살아가며, 그러한 것들을 경험하기 위해서라면 돈과 노력을 전혀 아끼지 않는다. 모험과 긴장 그리고 열정을 추구하기 때문에 투기와 도박 그리고 다양한 기회가 제공되는 게임에 몰두하기 쉽다. 고공비행과 심해 탐험, 자동차 경주와 같이 위험이 동반되는 것들을 좋아하기 때문에 이런 분야에서 일하는 사람 중에는 가슴형이 많다.

쉽게 싫증낸다

이들은 같은 집, 같은 옷, 같은 동네 그리고 심지어는 같은 여자에게도 쉽게 싫증낸다. 자신의 경험으로부터 가장 중요한 것을 얻어내고야 마는 이들은 언제나 정복해야 할 새로운 세계로 눈을 돌린다. 이들에게 있어 이미 한 번 경험했던 일들은 모두 즙을 다 짜고 껍데기만 남은 레몬과 같이 쓸모없는 것일 뿐이다.

공감해주는 이를 좋아한다

사람은 누구나 대답을 듣고 싶어 한다. 자신이 했던 말이나 일에 대해 확실한 인정을 받고 싶어 하는 것이다. 가슴형의 사람은 언제나 무언가를 말하고 어떤 행동을 하는데, 그것에 대해 아무런 반응을 보이지 않는 사람을 전혀 이해하지 못한다. 이들은 어떤 일에 대해서든 즉각적으로 반응한다. 자신에게 어떤 느낌을 준 일이라면 주변 사람 누구에게나 알려준다. 그러므로 당연히 다른 사람이 공감해주는 것을 무척 즐기며, 아무런 반응을 보이지 않는 사람들에 대해서는 형식적이고 딱딱한 사람이라고 생각한다.

단, 이들은 고개를 끄덕이고 미소를 지으며 충분히 공감을 표시하면서도 자신의 말에 끼어들지는 않는 사람을 가장 좋아한다.

둔감, 무심, 냉담 NO!

　둔감하거나 무심하거나 냉담한 사람을 매우 싫어한다. 그런 사람들이 보여주는 자기만족과 변화 없는 생활을 전혀 이해하지 못하며, 인정하지도 않는다. 그런 사람들은 냉담하고, 무감각하며 거의 죽은 것과 마찬가지라고 생각한다. 그래서 그런 사람과는 전혀 어울리지 않으며, '막대기' 같은 사람이라고 부른다.

　영양형은 자신이 싫어하는 사람을 피한다. 하지만 가슴형은 정면돌파한다. 자신이 싫어한다는 것을 그대로 표현하며 가끔은 매끄러운 말솜씨를 이용해 자신이 싫어하는 사람을 곤란한 처지에 빠뜨리기도 한다. 이들은 묵묵히 제 일을 하며 한평생을 살아온 무뚝뚝한 사람을 전혀 이해하지 못한다. 게다가 그런 인생을 칭찬하는 것은 더욱 이해하지 못한다.

　일반적으로 사람들은 자신과 전혀 다른 삶을 살고 있는 사람을 좋아하지 않는 경향이 있다. 전혀 다른 인간형이고, 삶의 방식이 너무나 다른 사람들은 서로를 잘 이해하지 못한다. 즉, 친밀감을 만드는 데 가장 중요한 '공감'이 너무 적기 때문이다.

뒤끝이 없는 사람

이 유형의 사람들은 말다툼을 벌일 때, 화가 나 있는 순간에는 엄청난 독설을 퍼붓지만 그 상황이 지나면 대부분의 경우 다 잊어버리고 상대방을 받아들인다.

다른 유형의 사람들은 의견의 차이를 인정하고 받아들이는 것을 어려워한다. 화해를 시도하지도 않는다. 하지만 이 유형의 사람들은 기꺼이 받아들일 뿐만 아니라 진심으로 그렇게 한다.

예를 들어 영양형은 자기 스스로가 너무나도 괴로워지기 때문에 애초부터 남들에 대한 불평불만을 갖지 않는다. 가슴형의 사람들은 남들에 대한 불만을 자주 느끼지만 그것을 품고 있지 않는다. 다른 일들에서와 마찬가지로 쉽게 잊고 털어내 버릴 수 있기 때문이다. 마치 어느 날 아침에 일어났더니 수두가 깨끗이 나았더라는 어느 소년처럼 분노는 수두처럼 홀연히 깔끔하게 사라진다.

취약한 질병

이 유형이 주로 걸리는 질병은 급성 질환이다. 이들의 신체 기관은 모두 갑자기 변화하고 같은 상태를 유지하지 못하는 특성이 있다.

감정 상태에 기복이 심한 경향이 있는 것과 마찬가지로 갑작스럽게 질병에 걸렸다가 금세 회복되는 경향이 있다. 그래서 이 유형은 만성 질환에는 거의 걸리지 않는다. 지나치게 비만하다면 뇌졸중에 걸릴 위험이 있다. 극단적인 가슴형과 극단적인 영양형의 성향을 동시에 가지고 있을 경우 이 질병에 걸릴 위험이 있다.

다양하고 새로운 음식을 선호한다

영양형은 풍족하게 차려진 음식을 좋아하지만 다양하거나 특이한 음식은 그다지 좋아하지 않는다. 하지만 가슴형의 사람은 다양하고 새로운 음식을 매우 좋아한다.

여러 사람과 모여 있을 때 특별하고 새로운 음식에 대한 이야기에 흥미를 나타내는 사람이 있다면 그는 분명히 가슴형에 속하는 사람일 것이다. 새로운 음식에 대한 이야기는 그가 추구하는 새로움에 대한 감각을 자극한다.

새롭게 소개되는 외국 음식이 있다면 거의 대부분 이들처럼 혈색이 좋은 고객을 제일 먼저 공략한다. 식당 주인들의 설명에 따르자면, 이들은 언제나 '어떤 음식이든 한번 맛보고 싶다'는 자세를 가지고 있다고 한다. 특히 이들은 다양한 음식이 한꺼번에 제공되는 코스 요리를 좋아한다.

새롭게 주변을 꾸미는 것을 좋아한다

이 유형의 사람들은 평범하지 않은 장식으로 꾸며진 식당을 좋아한다. 커튼이나 그림 그리고 가구도 이들에게는 중요하다. 대부분의 사람들 역시 식사를 할 때 음악이 흐르는 것을 좋아하지만, 이들에게는 그것이 절대로 빠져서는 안 되는 필수적인 것이다. 그의 감각은 늘 생생하게 살아 있으며, 많은 자극을 동시에 즐길 수 있는 능력을 갖추고 있기 때문에 다른 유형에 비해 언제나 요구하는 것도 더 많다. 그래서 이들은 식사할 때 손님이 필요로 하는 것을 미리 알아차리는 세심한 웨이터가 있는 식당을 좋아한다.

이들은 주변 환경이 화려하고 다양한 것을 좋아한다. 집 안의 장식도 유행에 맞춰 늘 바꾸어주는 것을 즐기며, 처음에 제아무리 좋아했던 것일지라도 금세 싫증을 낸다.

혹시 주변에 가구를 매우 자주 바꾸는 친구가 있다면 이 유형의 사람이라고 생각하면 된다. 그들은 "가구를 자주 바꾸어주면 마치 여행을 떠나온 것 같은 기분이 들어."라고 말하곤 한다.

이들에게는 벽걸이와 벽지, 실내 장식 그리고 이런저런 소품의 색상도 매우 중요하다. 영양형은 편안한 것을 가장 먼저 고려하지만, 이들은 무엇보다 '뭔가 다른 것'을 요구한다. 사람들의 눈길을 끌 수 있는 것, 한 번에 강한 인상을 주는 것 그래서 그곳에 사는 사람의 개성을 강하게 드러내줄 수 있는 것을 좋아한다. 집을 자신의 일부라고 생각하며 거기에 멋진 옷을 입히는 일에 많은 노력을 기울인다.

가슴형이 부자일 경우

이들에게 돈이 많다는 것은 특별한 것들을 가질 수 있는 기회가 그만큼 많아진다는 의미이다. 다른 유형의 사람에 비해 사치스러운 취향이 있으며, 집에 진귀한 예술품들을 비치해둔다. 이들이 특별히 좋아하는 것은 아주 특별한 장소에서 가져온 아주 특별한 것들이다.

다른 모든 일에서 그렇듯이 돈으로 사들이는 것들은 간접적으로나 직접적으로나 모두 남들의 관심을 끌기 위한 욕망을 충족시키려는 것이다.

'활활 타오르는 불꽃'이야말로 이들의 욕망을 제대로 묘사해주는 말이다. 이들은 생기발랄하고 원기 왕성하며 확연하게 구분되는 것만을 좋아한다. 또한 가장 최신의 것이고 멋진 것이어야만 한다. 지난해에 유행했던 옷, 지난해에 히트한 노래 혹은 지난해에 출시된 자동차는 절대로 용납하지 않는다.

이들은 먹고, 입고, 타고, 살아가는 모든 것에서 강렬한 인상을 남기기를 원한다. 이 사람들은 뚜렷이 다른 특별한 것을 무척 좋아한다. 편안하게 입을 수 있는 옷 같은 것은 전혀 원하지 않는다. 그와는 반대로 특별한 스타일을 갖출 수만 있다면 지극히 불편한 옷도 개의치 않는다. 무엇이든 우아하게 보이기를 원하며, 동시에 매우 독특하게 보이기를 원한다.

영양형 사람은 주로 편안한 침대와 따뜻한 실내 그리고 안락한 소파에 가장 큰 관심을 보인다. 하지만 이들은 샹들리에와 특이한 의자, 멋진 현관, 조경이 잘된 정원 그리고 그것들의 색감이 계획적으로 꾸며져 있는 것을 중요시한다.

중산층일 경우

많은 돈을 들여 고급스러운 가구와 실내장식을 하는 성향을 살리는 것은 부유할 경우이다. 그럭저럭 사는 경우에는 자신의 능력 내에서 가능한 한 가장 좋은 옷을 입고 종종 멋진 모습을 연출하려 한다. 무리하게 생활하려는 의도는 전혀 없지만 언제나 멋진 모습을 보이기 위해 노력한다.

가난할 경우

이 유형의 사람들이 가난한 경우는 드물다. 오늘날의 세상이 요구하는 개성과 활력을 가졌으므로 일반적으로는 높은 직책을 차지하고 있다. 어쩌면 그런 자리를 좋아하지 않을 수도 있지만, 다른 유형들에 비해 불쾌한 일들을 견뎌내지 못하므로 어떻게든 참아내려 노력한다. 즉, 빈털터리가 된다면 그에 따르는 불편함과 불쾌함을 자신이 견뎌내지 못할 것이라는 사실을 잘 알고 있다는 의미이다.

이들의 천성적인 허영심이 현재 눈앞의 일을 잘 견뎌내게 해주는 것이다.

타고난 무대체질

모든 공연의 관람석에서 다른 어떤 유형보다 이들을 더 많이 찾아볼 수 있다. 영양형은 이 세상을 관리하려 하지만 이들은 항시 즐기려 한다. 이들 중에는 무용수, 배우, 오페라 가수 그리고 연예인이 많다. 곡예사나 웅변가를 제외한 거의 모든 무대는 이들이 차지하고 있다.

앞서 이야기했듯이 이들의 적응력, 자발성 그리고 남들에게서 인정받기를 좋아하는 모든 성향이 그들을 무대로 이끄는 것이다.

특별함을 추구한다

모든 유형 중 이들이 가장 까다롭다. 피부가 얇고 신경이 예민해서 투박하고 꾀죄죄한 것을 몹시 의식하며 산다. 그로 인해 남들에 비해 '조금 더 특별한' 사람으로 분류된다. 개인적인 편안함보다 강한 인상을 더욱 소중하게 생각하기 때문에 아주 무더운 날에도 자신의 옷차림과 어울리기만 한다면 반짝반짝 빛이 나는 에나멜가죽 구두도 마다치 않는다.

좋아하는 것들

공연 아주 다양한 기분을 느낄 수 있게 해주어 모든 종류의 음악을 좋아한다. 또한, 노래와 춤이 어우러진 공연을 좋아한다. 일반적으로 이들은 장면이 빠르게 변화하는 공연을 좋아한다.

영화 다른 모든 유형들과 마찬가지로 특정한 장르의 영화를 좋아하지만 그다지 자주 영화관을 찾지는 않는다.

독서 좋아하는 책은 낭만적이며 모험적이며 독특한 내용의 이야기 특히 탐정 이야기를 무척 좋아한다.

스포츠 육상과 테니스와 같이 순간적으로 에너지를 쏟는 모든 종류의 운동을 좋아한다.

신체적 특징

[✚] 뛰어난 호흡기관을 바탕으로 즉각적인 에너지를 발휘할 수 있다는 장점이 있다. 또한 뛰어난 심장기관으로 혈액이 풍부하고 빠르게 순환된다. 그리고 소진된 원기를 빨리 회복할 능력이 있으며, 갑작스러운 신체적 위기상황을 벗어나는 뛰어난 능력도 지니고 있다.

[━] 과도한 흥분과 그로 인해 종종 기력이 쇠진한다는 것이 '치명적인 단점'이다.

사회적 태도

[✚] 인간적인 매력이 넘치며 즉각적인 반응을 잘한다. 이러한 점들은 사회적 특성 중에서도 가장 소중한 것이어서 다른 유형들보다 인간적인 관계를 맺는 데 유리하다.

[━] 성미가 급해 쉽사리 흥분하는 성격과 허영심이 있어 보이는 것이 가장 취약한 약점이다. 이러한 약점이 자주 성공의 걸림돌로 작용한다. 자신이 지니고 있는 뛰어난 장점을 제대로 활용하고 싶은 가슴형이라면 이러한 약점을 통제하는 방법을 반드시 배워야만 한다.

감정

[✚] 타인과 즉각적인 공감을 나누며 불쾌한 상황을 그대로 견디지 않는다는 것이 두드러지는 장점이다.

[━] 조급하고, 감정이 쉽사리 변하며, 아주 사소한 일에도 지나치게 흥분한다는 것이야말로 철저히 조절되어야 하는 성향이다.

사업

[✚] 사람들과 잘 어울리며 타인의 관심을 끌어모으는 매력이 가장 소중한 사업적인 장점이다.

[━] 변덕스러워 보이는 행동과 하나의 주제에서 다른 주

제로 생각이 쉽게 휙휙 바뀌어 경솔해 보이는 모습이 자주 걸림돌이 된다.

가정생활

[✚] 가족을 즐겁고 기쁘게 만들어주며, 다른 사람들에게 그렇듯 가족을 위해서도 자기 자신을 아낌없이 내어놓을 수 있는 것이 가장 믿음직한 특성 중 하나이다.

[━] 이들의 기질과 성미는 함께 사는 가족들에게 매우 심각한 가정 문제를 야기하기도 한다. 하지만 대부분 나쁜 일을 오래 간직하지 않기 때문에 가족들에게 해를 끼치는 경우는 거의 없다.

목표 & 경계

[✚] 결정이나 판단을 보다 신중히 내리고, 한번 시작한 일은 끝을 보는 것을 목표로 하라. 불필요한 언사와 행동에 에너지를 적게 소비하는 것이 가장 중요하다.

[━] 방탕한 생활이나 향락적인 생활은 가슴형이 지니고

있는 성격적인 약점을 더욱 악화시킬 것이기 때문에 반드시 피해야 한다.

최대의 강점 & 최악의 약점

[✚] 야망과 뛰어난 적응력 그리고 재빠르게 발휘되는 에너지야말로 이들이 지닌 최고의 강점이다.

[➖] 너무 지나치게 흥분하는 것과 책임지지 않으려는 성향 그리고 과도하게 예민하다는 것이 가장 취약한 약점이다.

[사회생활에서 가슴형에 대처하는 법]

가슴형에게는 심미적인 환경을 제공하고, 그가 편안히 말을 할 수 있도록 해주고, 그의 말에 잘 반응해주어야 한다. 이것이 사회적인 관계에서 그의 마음을 사로잡을 수 있는 가장 확실한 방법이다.

[사업에서 가슴형을 다루는 법]

고용된 종업원이 가슴형이라면 고객들과 직접 만나는 업무를 맡겨라. 그의 성격을 잘 활용해 사업에 도움이 되도록 하고, 성과를 냈을 때는 칭찬을 잊지 말아야 한다. 판에 박힌 일을 맡겨서는 안 된다. 이 유형은 개인의 매력이 중요한 역할을 하는 직업에서는 최고의 능력을 발휘하지만, 단지 영업적인 이익만을 추구하는 분야에서는 그렇지 못하다.

기억해둘 것!

가슴형의 가장 두드러진 특징은
혈색이 좋은 얼굴, 탄탄한 가슴
그리고 긴 허리라는 것을 기억하라.

다른 유형의 사람 중에도
이러한 외형이 있을 수도 있지만,
이러한 특징이 두드러진 사람은
대부분 가슴형이다.

Chapter 3

근육이
발달한 형

"전력투구하는 사람"

● The Muscular Type ●

다른 신체 조직에 비해
근육기관이 제일 크고 잘 발달되어 있는 사람은
'근육형'이다.
근육은 유기적 조직체로 이루어진
시스템이다.

합리적 실용주의자

▼ ▲ ▼

크고 단단한 근육질의 몸

인간의 근육기관은 공동으로 작용할 수 있도록 잘 조직된 근육층의 배열로 이루어져 있으며, 모든 인간은 이러한 완벽한 조합을 갖추고 있다. 인간의 근육은 작거나, 연약하거나, 알아차릴 수 없을 만큼 가늘 수도 있지만 언제나 제 위치를 지키고 있다. 근육들은 서로 자연스럽게 결합되고, 긴밀하게 연결되어 있으며, 피부로 아주 잘 덮여 있어서 우리는 근육의 복잡함이나 중요성을 거의 인식하지 못한다.

전형적인 근육형의 사람은 크고 단단한 근육을 가지고 있다. 이러한 근육은 감출 수가 없어 전체적으로 더 두드러지게 보일 수밖에 없다.

근육의 놀라운 활동

우리에게 근육이 없다면 그저 지방과 뼈로 이루어진 무기력한 덩어리에 지나지 않아서 눈을 깜빡이거나 손가락을 움직이는 것도 불가능해진다. 하지만 우리는 근육에 너무 익숙해져 있어서 그 역할에 대해서는 거의 아무런 생각도 하지 않는다.

두 눈을 조절하는 근육의 놀라운 활동이 없다면 우리는 사물을 볼 수도 없을 것이며, 근육의 힘이 없다면 심장도 박동을 멈추게 될 것이다. 우리가 근육을 활용하지 못한다면 미소를 지을 수도 없고, 울거나, 말하거나, 노래할 수도 없다. 근육이 없다면, 피아니스트, 무용가, 비행사, 발명가 혹은 모든 종류의 노동자들도 없을 것이다.

인간이 만들어내는 모든 것들은 뇌에 의해 계획되지만 그것을 구체화하기 위해서는 반드시 근육에 의존해야 한다.

근육형을 알아내는 법

여러 사람을 살펴보면, 다음과 같은 세 가지 조건 중 하나를 발견할 수 있다. 즉, 뼈가 피부와 근육으로 아주 살짝 덮여 있는 사람(골격형), 뼈가 두꺼운 지방으로 덮인 사람(영양형), 뼈가 탄탄한 근육으로 짜임새 있게 덮여 있는 사람(근육형). 물론 다른 유형 중에서도 이러한 외형을 갖춘 사람이 있을 수는 있지만, 세 번째의 경우가 대부분 근육형에 속한다.

　뼈를 덮고 있는 것이 지방인지 아니면 근육인지는 한눈에 알아차릴 수 있다. 근육은 탄탄하고 형태가 뚜렷하지만 지방은 둥글둥글하고 부드럽게 보이기 때문이다. 영양형의 신체는 부드럽고, 가슴형은 탄력성이 있듯이 근육형의 신체는 전반적으로 견고하다는 특징을 가지고 있다. 뚱뚱한 사람의 손등을 손가락으로 찔러보면 움푹 들어갔다가 금세 다시 원상태로 돌아온다. 이와 똑같이 근육형의 손등을 찔러보면 단단한 근육 조직으로 인해 잘 눌리지도 않지만 일단 움푹 들어갔던 부분도 좀 더 오래 유지된다.

네모난 체형

　'정직하게on the square'라는 말은 일반적으로 도덕적인 성향을 비유적으로 표현할 때 사용한다. 이런 의미에서 보자면 여러 가지 인간형이 '사각형square'을 가지고 있을 수 있다. 하지만 근육형은 글자 그대로 사각형으로 이루어져 있다. 그의 전반적인 체형은 사각형의 조합이다.

영양형은 둥근 원 모양, 가슴형은 가오리연의 형태와 같은 체형을 가졌다. 그리고 전형적인 근육형은 그 외형이 사각형에 가까운 모양을 하고 있다.

다시 말하지만 다른 유형에 비해 이들이 도덕적으로 더 '정직한' 것은 아니다. 그러므로 이들이 더 도덕적일 것이라는 잘못된 판단을 해서는 안 된다. 각각의 유형은 그 나름의 장점과 단점이 있으며, 도덕적인 차이점은 각 개인에 따라 달라지는 것이다.

도덕적인 약점은 자기 유형의 약점에서 비롯되며, 각각의 인간형은 저마다의 많은 약점을 가지고 있기 때문에 단순히 비교해 도덕적으로 더 우월하다거나 더 열악한 유형은 없다.

작고 다부진 몸

이 장에서 다루게 될 아주 전형적인 근육형은 다른 인간형의 평균보다 키는 더 작고 몸무게는 더 무겁다. 지방이 아닌 근육 때문에 몸무게가 더 많이 나가는 것이다. 이들은 눈에 띄게 단단하고, 건장하며, 강인한 외형을 가지고 있다.

이들의 어깨는 거의 직각에 가까울 정도여서 매우 두드러지게 보이며 키와 비교하면 훨씬 더 널찍한 편이다. 영양형의 어깨는 둥그스름하지만 이들의 어깨는 각져 있으며 우뚝하다. 이처럼 어깨가 각져 있는 사람들의 키는 보통이거나 보통 이하인 경우가 많다. 다른 유형의 사람 중 어깨가 넓고 각진 사람은 드물지만 이 근육형과 혼합이 된 사람 중에서는 자연스럽게 각진 어깨가 나타나기도 한다.

또한 전형적인 근육형의 사람은 언제나 키에 비해 팔이 상대적으로 길다.

평범한 머리형과 굵은 목

전형적인 근육형을 만나게 되면 가장 먼저 '각진 머리'가 눈에 들어온다. 그러나 머리가 둥근 영양형이나 가오리연처럼 생긴 가슴형과는 달리 이들의 머리 형태는 평범한 쪽에 가깝다. 가슴형처럼 우뚝하다거나 영양형처럼 작지도 않은 평균적인 비율을 갖추고 있다.

또 다른 특징이 있다면 이들의 목이 유별나게 근육질이며 탄탄하다는 것이다. 굵은 목은 이 유형의 강점을 드러내는 주요한 특징 중의 하나이다. 이처럼 튼튼한 목은 신체적으로 뛰어난 능력을 갖추고 있으며 장수할 수 있다는 것을 나타낸다. 반면에 목이 연약하다는 것은 생명이 위태로울 수 있을 만큼 신체적으로 약하다는 것을 나타낸다. 목이 굵어서 가끔은 머리가 작다는 인상을 줄 수도 있지만, 자세히 살펴보면 몸의 크기와 적절히 어울린다는 것을 알 수 있다.

네모난 얼굴

정면에서 바라보면 얼굴이 네모에 가깝다는 인상을 받는다. 또한 옆머리와 턱, 뺨 역시 거의 정사각형처럼 보이기도 한다. 정면에서 바라보면 이들의 턱뼈는 귀 아래쪽으로 내려가면서 둥그스름한 형태를 띠는 대신 각져 있다는 것을 알 수 있다. 이런 특이한 형태 때문에 이들의 얼굴 아래쪽이 전반적으로 네모난 상자처럼 보이기도 한다.

남성의 경우에는 멋지게 보일 수도 있지만 섬세하고 갸름한 턱을 원하는 여성들에게는 불만일 것이다.

네모나고 각진 손

사람들의 손을 잘 살펴보면 그 모양이 상상 이상으로 다양하며 흥미롭다는 것을 알게 될 것이다. 손등의 크기와 형태 그리고 구조가 특히 중요한데, 손바닥보다 손등에 저마다의 특성이 더 잘 나타나 있기 때문이다. 손은 그저 손일 뿐 모두 거기서 거기라고 생각하겠지만 매우 다양한 모양의 손이 있으며 각각의 인간형마다 독특한 형태를 띠고 있다. 서로 다른 유형의 사람에게서 비슷한 형태의 손을 찾아볼 수는 없다.

근육형의 손모양은 손목에서부터 곧게 뻗어 내려가면서 다른 신체 부위와 마찬가지로 각진 형태를 띠고 있다. 또한, 손가락의 끝이 네모나다면 분명 근육형의 성향을 띤 사람이라고 생각하면 된다. 2~3가지 유형의 특징을 함께 가진 사람일지라도 손가락이 뚜렷한 사각형이라면 신체 전반적으로 근육이 잘 발달되어 있는 경우가 많다.

육체노동자

이 유형의 사람 중에는 솜씨 좋은 기술자와 장인 그리고 건설업에 종사하는 사람들과 같은 육체노동자가 많다.

사람은 자신의 몸에서 가장 발달한 신체 부위를 우선으로 활용하려는 경향이 있다. 이들의 손은 근육이 유난히 잘 발달해 있으며, 이러한 조건이 아니었다면 손으로 하는 작업을 다른 유형보다 더 잘할 수 없었을 것이다. 그러므로 이 세상의 육체노동을 주로 근육형이 담당하는 것은 당연하며, 두 손이 매우 강하게 발달해 있어서 쉽게 지치지도 않는다.

독창적인 예술가

'예술가의 손'이라는 표현은 오랫동안 잘못 사용되어왔다. 아주 오랜 옛날부터 섬세하고 갸름한 형태의 손가락을 가진 사람이 예술가적 재능이 있다고 생각했다. 또한 갸름하고 곡선을 이룬 손이 예술적인 재능을 나타내는 것이라고 생각하기도 했다.

과거의 연극에서 현재의 영화에 이르기까지 전형적인 예술가는 작고 가냘픈 손을 가진 사람으로 표현해왔다. 하지만, 손가락끝이 점점 가늘어지는 형태의 손은 예민한 예술적 감각들 즉, 세련되고 아름다운 것들에 대한 취향을 드러내는 것이기는 하지만 창의력을 나타내는 것은 아니다.

재주 있는 손

이제 여기에서 설명하는 것은 수작업이 있는 예술에 한정된다는 것을 먼저 밝혀두겠다. 성악이나 무용 혹은 작곡과 같은 예술적 활동은 논의의 대상이 아니다. 주로 손에 의존하는 예술 창작, 즉 회화, 건축, 공예, 만화, 조각, 악기 연주와 같은 것들만 다루려 한다. 이런 것들은 모두 각진 손가락을 가진 사람들이 만들어냈다.

우리는 이러한 분야의 예술 작품들이 오로지 예술적 감각과 취향 혹은 통찰에 의해 창작된 것이라고 생각하는 경향이 있다. 하지만 잠깐만 생각해보아도 형태를 갖추는 것으로 구현되는 창작물은 모두 다 뛰어난 수작업과 상상력이 결합되어 탄생한 결과물이라는 사실을 알 수 있다. 튼튼하게 잘 발달된 손이 없었다면 위대한 예술가의 생각은 구체적인 작품으로 구현되지 못했을 것이다. 심미안과 예술적인 감각을 갖춘 예술품 감정사들이 직접 예술작품을 창작해내지 못하는 것은 바로 그처럼 잘 발달된 손이 없기 때문이다.

예술가의 손은 그가 머릿속으로 떠올린 영감을 구체적으로 실현해내기 위한 완벽한 기교를 갖추고 있어야만 한다. 손과 머리는 예술작품을 구현하기 위한 동반자로서 동등한 역할을 할 수 있어야 하며, 그렇지 못할 경우 진정한 작품은

단단한 근육질의 몸

상자처럼 보이는 얼굴

각지고 억센, 그러나 재주 있는 예술가의 손

뭐라도 하지 않으면 견딜 수 없어

가만히 있는 건 질색!

화통을 삶아 먹은 듯한 목소리

절대로 창작될 수 없다.

하지만 전형적인 근육형이 예술가가 되는 경우는 드물다. 영감을 받는 두뇌활동이 예술가의 창작 작업에 있어 매우 중요한 또 하나의 요소이기 때문이다. 그러므로 뒤에서 설명할 두뇌형의 장점과 조화롭게 결합될 때에만 비로소 손작업의 창작을 하는 뛰어난 예술가가 될 수 있는 것이다.

단호하고 힘있는 동작

이 유형의 사람들은 힘차고 단호하게 행동한다. 이들은 매우 사소한 일일지라도 마치 온 세상이 그 일에 따라 달라진다는 듯이 최대한의 노력을 기울여 실행한다.

최근에 근육형인 한 여자 친구에게 소형 연필깎이를 보여준 적이 있다. 그 연필깎이는 아주 날카로워서 조금만 힘을 줘도 잘 깎였는데, 그녀는 마치 대포를 잡듯 연필을 꽉 움켜잡고는 거세게 연필깎이로 밀어 넣었다. 그러고는 엄청나게 각진 손과 얼굴을 가진 그녀는 생긋 웃으며 변명하듯 말했다. "가볍게 하는 것이 잘 안 돼요. 저도 모르게 늘 너무 힘을 줘버린답니다."

힘찬 걸음걸이

성큼성큼 걷는 이들의 걸음걸이는 묵직하고 힘차다. 아주 짧은 거리를 걷는다 해도 마치 세계 마라톤 대회에 참가한 사람처럼 힘차게 발걸음을 내딛는다. 근육형은 누구나 힘차게 걷기 때문에 그들이 가까이 다가오는 것을 쉽게 알아차릴 수 있다. 그들 자신은 이러한 특징을 전혀 의식하지 못하지만 그의 친구들은 누구나 잘 알고 있다. 결국 친구들이 해주는 말을 듣고서야 자신의 발소리가 크다는 사실을 알게 되곤 한다.

크고 울림 있는 목소리

'화통을 삶아 먹은 듯한 목소리'를 가진 사람은 거의 대부분 이 유형에 속한다. 다른 모든 일을 할 때 그렇듯이 이들은 말을 할 때도 온 힘을 다 쏟는다. 이처럼 우렁찬 목소리 때문에 '속삭이는' 것을 매우 힘들어한다. 그들 자신은 모르지만 오랫동안 이들의 큰 목소리에 시달려온 친구들은 누구보다 더 잘 알고 있다.

사실 크고 강한 목소리는 사회생활에 심각한 결함이 될 수도 있다. 하지만 집회 장소나 대규모의 청중이 모이는 곳에서는 이러한 결함이 장점이 될 수 있다. 뛰어난 웅변가들이 대부분 이 유형에 속한

근육형에도 유명한 남성 가수가 많다. 카루소나 존 매코맥을 비롯한 유명한 남성 가수들은 대부분 가슴형이지만 거의 대부분 근육형과 결합되어 있다.

다는 것에 주목할 필요가 있다. 그들의 명성이 연설의 내용뿐만 아니라 울림이 있는 목소리도 크게 한몫을 했다는 것을 알 수 있을 것이다.

꼿꼿한 앉는 자세

근육형은 다른 행동들이 그렇듯이 자리에 앉을 때도 확실하고 힘있게 앉는다. 영양형처럼 풀어져있거나 가슴형처럼 우아하게 걸쳐 앉지도 않는다. 마치 업무를 처리하고 있는 듯 반듯하고 꼿꼿하게 앉는다.

몸에 밴 활동성

다른 어떤 유형보다 근육이 잘 발달되어 더욱더 활동적이

다. 근육이 없다면 제대로 움직일 수 있는 기관이 없다. 생물학에 의하면 신체 기관 중 위가 가장 먼저 발달했다. 태초의 단세포 생물은 오직 소화 기능만 갖추고 있었다. 생명체가 진화하면서 위와 직접 관계하지 않는 여러 기관으로 영양을 공급해야 했다. 영양을 공급할 목적으로 호흡기관과 순환기관이 만들어졌다.

발달한 생명체는 움직임을 통해 먹이활동을 해야 한다. 이러한 필요 때문에 근육이 진화되었고 마침내 유기적인 생명체로 움직이기 시작했다. 처음에는 단순히 꿈틀거리는 수준이었지만 꾸준히 진화하여 현재와 같이 모든 활동이 가능해졌다.

모든 노동과 여행 그리고 이민도 이러한 활동의 범주에 속한다. 근육형은 인간형 중 가장 최고의 여행 장비를 갖추어 놓으며, 이러한 장비들에 언제나 가장 빠른 반응을 보인다.

어떤 일을 하든 상관없이 이들은 다른 어떤 유형의 사람들보다 더 활발하게 움직이며 산다. 신체의 근육들이 지나치다 싶을 정도로 발달해 있기 때문에 이들은 어떤 일이건 하지 않으면 견딜 수 없을 만큼 움직이는 것을 좋아한다. 이 세상의 이민자들은 대부분 근육형에 속하는 사람들이다.

가만히 있는 것은 질색!

근육형을 가두어두면 그를 파멸에 이르게 할 수도 있다. 잘 발달한 근육기관은 언제나 무언가를 하기를 갈망한다. 외출을 못 하게 하거나, 빈둥거리기를 강요한다면 그는 안절부절못하고 과민상태에 빠졌다가 마침내 병에 걸릴 수도 있다. 이들은 완전히 탈진해버리기 전까지는 안락하게 머물러 있는 것을 싫어한다. 심지어 탈진한 상태에서도 그들을 가만히 있도록 하는 것은 거의 불가능하다.

"아무 일도 안 하면, 좀이 쑤셔서 견딜 수가 없어!"라고 말하는 사람들이 종종 있다. 이런 사람들은 거의 근육이 잘 발달해 있다. 이들은 시간을 허비하지 않기를 원한다. 그들은 '자리를 털고 일어나' 무엇인가를 이루어야만 한다. 주변에서 해야 할 일을 찾지 못한다면 어딘가로 가서라도 반드시 할 일을 찾는다.

타고난 일꾼

이들에게는 노동이야말로 제2의 천성이다. 이들은 진심으로 노동을 좋아한다. 대부분의 사람들은 어떤 목적이나 이상에 보탬이 되는 것을 좋아하지만, 이들은 노동(일) 혹은 움직이는 그 자체를 좋아한다.

영양형이 노동에 아무런 관심이 없다면, 근육형은 한가하게 쉬는 것에 전혀 관심이 없다. 휴가 없이 10년 내내 일할 수도 있다. 가끔은 좀 오래 쉬고 싶다는 생각이 들어도, 휴가 사흘째 되는 날 아침이 오면 스스로 일거리를 찾아다닌다. 방충망을 달거나, 장작을 패거나, 가구에 쌓인 먼지를 터는 일과 같이 단순한 일일 수도 있지만, 어쨌든 움직일 수 있는 일을 찾아다닌다.

행동 그 자체를 즐기고 노동은 행동을 응용한 것일 뿐이므로, 이 유형의 사람들은 최고의 일꾼이 된다. 다른 유형의 사람보다 훨씬 더 열심히 일하기 때문에 많은 신뢰를 받는다.

수백 명의 노동자가 일하는 터널, 지하철, 빌딩, 철도 등의 공사현장에는 그보다 훨씬 적은 수의 사람들이 일하는 직장보다 감독관이나 관리인이 훨씬 적게 배치되어 있는데, 이것은 결코 우연한 일이 아니다.

노동을 즐기는 성향의 이들이 실직하는 경우는 거의 없다. 게다가 이들은 언제나 최고 수준의 임금을 요구하는데, '임금에 걸맞은' 일을 충분히 처리할 수 있기 때문이다.

이 책을 준비하는 동안 창밖으로 공원에서 낮잠을 자는 많은 실직자를 볼 수 있었다. 하지만 그들 중 근육형에 속하는 사람은 1%도 채 안 된다는 것을 알 수 있었다. 이처럼 언제나 열심히 일하는 근육형의 사람들은 주변의 칭찬을 많이 듣는다. 항상 일에서 벗어나고 싶어하는 영양형은 주위의 손가락질을 받지만 말이다. 영양형이 한가한 시간을 좋아하는 것만큼 근육형의 사람들은 일하는 것을 즐긴다.

호전성

시시때때로 드잡이질을 즐기는 싸움꾼도 거의 예외 없이 근육형에 속한다. 근육이 몹시 발달한 사람의 확실한 징표인 사각턱은 전 세계적으로도 유명하다. 특히 전쟁이 벌어지고 있는 시기에는 더욱 두드러진 활약을 펼친다.

유명한 장군들의 얼굴을 정면에서 바라보면 얼굴과 턱이 각지고 근육이 아주 발달해 있다는 것을 알게 될 것이다. 전투나 개인적인 싸움은 근육이 필요한 활동이다. 근육이 잘 발달해 있기 때문에 이 유형의 사람은 사실 싸움을 즐기는 편이다. 그래서 다른 유형에 비해 자주 곤란한 상황에 빠지기도 한다.

'실력 행사big stick'는 전형적인 근육형이 좋아하는 슬로건이기도 하다.

도전하는 삶을 좋아한다

루즈벨트 대통령은 '격렬한 삶'이라는 말을 매우 좋아했는
데, 이것은 그가 속한 근육형의 성향에서 비롯된 것이다. 근
육형은 천성적으로 열심히 노력하며 산다. 사람들은 자신이
좋아하는 것을 남에게 권하려는 성향이 있기 때문에 열정적
으로 살았던 루즈벨트가 거의 강요하듯이 과감히 도전하는
삶을 옹호했던 것은 당연한 일이다. '당신에게 도움이 될 것
이므로' 어떤 일을 하라고 권하지만, 사실은 자신이 그 일을
좋아하기 때문이다.

곡예의 주인공

곡예사의 공연을 관람하면 거의 모든 공연자들이 근육형
이라는 사실을 알아차릴 수 있을 것이다. 만약 다른 인간 유
형의 사람이 공연을 함께하고 있다면, 그들은 대부분 보조
역할을 하고 있을 것이다.

공연 중의 어려운 부분들은 모두 이들이 해낸다. 땅딸막
하지만 균형 잡힌 몸매를 갖춘 그들보다 더 멋진 공연을 해
내는 공연자는 없다. 굳이 다른 공연장을 찾아가 확인해볼

필요조차 없다.

언젠가 한번은 인간 분석 수업 시간에 이러한 사실에 대해 설명했던 적이 있다. 그때 한 사람이 키가 아주 큰 근육형이 아닌 곡예사를 직접 본 적이 있다고 주장했다. 절대 그럴 리가 없다는 것을 알고 있었기 때문에 우리는 만약 그의 말이 옳은 것으로 확인되면 큰 상을 주겠다고 했다. 우리는 극장으로 사람을 보내 문제의 그 곡예사를 찾아 초대에 응하기를 부탁했다.

우리의 초대에 흔쾌히 수락하고 찾아온 그는 당연하게도 순수한 근육형이었다. 근육형이 아니라고 착각하게 된 것은 공연장의 무대 때문이었다. 관람석보다 훨씬 높은 곳에 설치된 무대는 종종 그런 착각을 불러일으킨다. 게다가 그와 함께 공연했던 파트너의 키가 몹시 작아서 곡예사의 키가 상대적으로 더 커 보였던 것이었다.

어린 시절에 곡예사의 공연을 본 소년이라면, 누구나 한번쯤은 곡예사가 되고 싶다는 꿈을 꾸게 된다. 하지만 평균 이상의 커다란 근육을 가진 특성을 타고난 소년만이 그 꿈을 이룰 수 있다. 자라면서 뱃살 부위가 발달하거나 한 자리에 '가만히 앉아' 있기를 좋아하는 습성이 생기는 유형이라면 무대가 아니라 관람석의 가장 앞자리를 차지하게 될 것이다.

수수하고 실용적인 취향

이들은 옷을 살 때 오래 입을 수 있는가를 가장 먼저 따진다. 하지만 인색해서 그런 것은 아니다. 돈을 아끼기 위해서가 아니라 옷을 다루는 데 신경 쓰고 싶지 않아서이다.

가슴형은 묵직하고 튼튼한 재질의 옷을 좋아한다. 영양형은 편안한 옷을 좋아하고 가슴형은 독특한 옷을 좋아하지만, 이들은 매일 입어도 해지지 않고 오래 입을 수 있는 옷을 좋아한다. 최고의 재질을 원하지만 가슴형과는 달리 튀는 색상에는 그다지 관심이 없다. 스타일보다는 질을 우선하며, 멋진 것보다는 수수한 옷을 선택의 기준으로 삼고 있다.

근육형의 여성은 '아버지의 바지를 고쳐 아들에게 입히는' 데에 뛰어난 재주를 가진 것으로 유명하다. 이 유형의 어머니들은 남편의 바지가 쉽게 닳지 않는 옷감으로 만들어진 것을 잘 알고 있을 뿐만 아니라, 뭔가를 만드는 재주를 가진 갖가지고 창의적인 손이 있기 때문이다.

이 유형의 여성은 수수한 옷차림을 좋아하며 장식에 대해서는 그다지 신경을 쓰지 않는다. 남들에게 보여주는 것이 아니라 활동하기에 편해야 만족감을 얻는다. 유행하는 옷을 입기 위해 들이는 시간과 노력을 탐탁치 않게 생각해서, 제아무리 돈이 많다 해도 지나친 옷차림을 하지 않는다. 겉치레를 위한 옷차림에는 아무런 관심이 없다. 아무런 의욕이 없어서가 아니다. 오히려 대단히 욕심이 많은 편이지만 어떤 일을 처리하는 데에만 관심을 집중하기 때문에 그 일을 하는 동안 다른 사람에게 어떻게 보일 것인가에 대해서는 잊어버린다. 만약 무척이나 공을 들여 옷을 입는다면 반드시 일정한 목적이 있기 때문이지 멋을 부려 돋보이려는 것은 아니다. 이 유형의 사람 중에는 겉치레를 하는 사람이 거의 없다.

민주적이고 무난한 사람

근육형은 모든 유형 중에서도 가장 민주적인 태도를 갖추고 있다. 가슴형은 타고난 귀족이어서 다소 천진난만할 정도로 우월감을 즐긴다. 하지만 근육형은 부나 신분을 통해 얻은 우월한 지위를 누리려 하지 않으며, 모든 사람을 동등하게 대하려고 한다. 이들은 백만장자가 되거나, 태어날 때부터 백만장자였더라도 하인이나 아랫사람들에게 군림하지 않는다. 이들은 모든 종류의 민주주의 운동을 지원한다. 그래서 모든 급진적인 단체에는 근육형들이 다수를 차지하고 있다.

이들은 거의 종교적인 열정으로 '인간적인' 삶을 이상으로 삼는다. 평범한 것을 좋아하며 비록 별다른 편견은 없을지라도 절대 '특별한 어떤 것'을 추종하지 않는다. 영양형처럼 빈둥거리지도 않을뿐더러 가슴형처럼 재기 충만한 사람도 아닌, 그저 무난한 사람이다.

문제를 피하지 않는다

이들은 어려운 일이 닥쳤을 때 슬그머니 피하거나 모습을 감추지 않는다. 어려움에 당당히 맞서 해결한다. 문제에 대해 단순히 생각만 하는 것이 아니라 행동으로 대처한다.

합리적 실용주의자

이들은 종종 '합리적 실용주의자'라고 불린다. 모든 일을 실용적인 관점에서 바라보려는 경향이 있으며, 인색하거나 사치스럽지 않다.

효율적인 것을 좋아한다. 모든 일을 하기 전에 '제대로 효과가 있을까?'를 먼저 따져본다. 만약 그렇지 않다면 아주 매력적이고 재미있는 일일지라도 관심을 두지 않는다. 이들은 자신의 머리와 노동을 바탕으로 재산을 모으며 눈으로 직접 확인하지 않은 것에 투자하는 모험을 하는 경우는 없다.

이들은 가장 빠르고 가장 확실한 방법을 좋아하며, 떠들썩하게 일하지 않는다. 언제나 가장 효율적인 방식으로 일처리가 되어야 한다고 주장하며 스스로 그런 방법을 찾아 실천한다. 이들에게 쉽게 일을 시킬 수는 없지만 일단 맡기게 되면 빨리 처리할 수 있다. 이들은 꼭 돈이나 돈으로 살 수 있는 것만을 추구하지 않는다. 다만 인생에서 실현 가능한 일을 하기 위해 노력한다.

건실한 자산가

이들은 건실하게 은행계좌를 관리하며 자녀들에게도 그러한 것의 가치를 교육하려 한다. 자녀를 화려하게 꾸미려 하기보다 교육을 위해 미리 계획을 철저히 세운다.

자녀에게 지나치게 엄격하거나, 관대하지도 않으며, 변덕스럽지도 않고, 실용적이고 효율적인 면을 강조한다. 자녀를 무척 소중히 여기지만 '버릇없이' 키우지는 않는다. 그리고 자녀들이 일을 하며 살아갈 수 있도록 어린 시절부터 일하는 방법을 가르친다. 그래서 근육형의 자녀들은 어린 나이부터 제 몫의 일을 맡아 하며, 꼭 필요한 생계를 꾸려나가는 방법

타고난 일꾼, 넘치는 열정

작고 다부진 곡예사

민주적이고 인간다운 삶 추구

효율적이고 합리적인 실용주의자

가장 관대한 친구

하지만! 화가 나면 끝장을 본다

가장 소박하고 가장 열심히 일한다

을 알고 있다.

꼭 필요한 것만 원한다

이들은 살면서 꼭 필요한 것들만 원하고 또 얻는다. 영양형은 편안한 것을 원하고, 가슴형은 특이한 것을 원하고, 근육형은 꼭 필요한 것을 원한다. 원하는 것을 얻으려 기꺼이 일을 하기 때문에 대부분 그것들을 얻고야 만다.

이들에게 장식품이나 사치품은 꼭 필요한 것이 아니다. 생활을 하는 데 불편하지 않을 만큼의 필요한 것만 원한다. 다른 모든 일을 할 때와 마찬가지로 이런 생필품을 얻기 위해서도 근육형은 전력을 다해 일한다.

넘치는 열정

누군가 뚜렷한 목표를 가지고 온 힘을 기울여 노력하는 것을 우리는 종종 '전력투구한다'고 말한다. 이 말은 이들에게 가장 잘 어울리는 말이다. 이들은 절대로 어떤 일이든 적당히 하는 법이 없다.

철학자 에머슨은 "열정이 있다면 모든 일을 할 수 있다."고 했다. 이 유형의 사람들이 아주 많은 것을 이루어낼 수 있는 요인은 바로 열정이다. 이들이 이처럼 열정적인 데에는 아주 흥미진진한 이유가 있다.

인간이 갖는 모든 감정은 근육에 강한 영향을 끼친다. 슬픈 생각이 머릿속에 떠오르면 얼굴의 근육들이 즉시 힘없이 처지게 되고 입꼬리도 내려간다. 이와 비슷한 사례들은 수없이 많아서 감정과 근육 사이에는 밀접한 관계가 있다는 것을 우리는 이미 잘 알고 있다.

심장은 그 자체가 크고 튼튼한 가죽과 같은 근육일 뿐이다. 감정을 표현하는 최고의 시스템을 갖추고 있는 근육형은 끊임없이 그리고 반사적으로 심장을 사용한다. 그로 인해 이들은 아주 많은 일에 관심을 기울이는 열정적인 사람이 되었다. 이들의 이러한 열정은 원하는 일이라면 무엇이든 다 해낼 수 있도록 해준다.

솔직하고 직설적인 태도

어떤 일에 마음이 움직이면 이들은 말을 아주 잘한다. 강한 정신력까지 있다면 이들은 훌륭한 대중연설가가 될 수 있다. 호소력 있는 목소리, 인간적인 공감 능력, 민주적인 태도 그리고 단순명쾌함이라는 연설가의 모든 자질을 다 갖추고 있기 때문이다.

사적인 대화를 나눌 때는 강하게 자기 주장을 하는 경우가 많다. 하지만 이들의 말은 직설적이어서 더하고 뺄 것 없이 있는 그대로 의사를 전달한다. 교육을 많이 받은 사람일지라도 길거나 복잡하게 말하지 않으며 솔직하고 단호하게 말한다.

이들의 행동이나 말은 직설적이다. 꾸미기 위해 무언가를 덧붙이는 법이 없으며 피상적인 것을 싫어한다. 이들은 가장 지름길을 선택해 살아간다.

평범한 사람, 평범한 친구

이들은 자신처럼 평범한 사람을 친구로 사귄다. 평범한 사람을 무척 좋아하지만 폭넓게 많이 사귀지는 않는다. 그저 눈인사만 나누는 정도의 친분을 갖는 편이다.

그런데 근육형의 사람들이 특히 싫어하는 사람들이 있다. 누구나 속물은 싫어하겠지만, 이들은 특히 속물들을 혐오한다. 자신이 매우 민주적인 태도를 지니고 있으며 평범한 삶 근육형은 약자의 편에 서는 것을 거의 종교적인 신념처럼 간직하고 있다. 이들은 억압받는 사람들을 위해 싸우는 것을 영광으로 생각한다. 그래서 종종 지나치게 급진적이라는 평을 듣기도 한다.

을 살고 있기 때문에 다른 사람보다 더 잘났다고 우쭐해 하는 사람들을 만나면 참지 못한다. 그러므로 이들이 무시하는 사람이 있다면 바로 속물들이다. 속물들에게 기죽지 않으며, 그들이 눈앞에서 잘난 척을 하려고 할 때마다 콧대를 꺾어주는 걸 즐긴다.

가장 관대한 친구

만약 근육형의 사람이 누군가를 좋아하면 가장 관대한 친구가 된다. 이들은 친구를 위해 돈과 시간을 아낌없이 나누어줄 것이며, 사랑과 열정을 다 바쳐 끝까지 보살펴준다. 사람들은 가끔씩 아주 특별한 몇몇 친구를 위해 짧은 기간 동안 극진히 대해주는 경우가 있다. 하지만 이들은 잘 모르는 사람일지라도 자신의 마음이 이끌리면 종종 아낌없이 베풀어준다. 이들은 어느 누구도 이방인이라고 생각하지 않기 때문에, 낯선 사람도 가족처럼 대한다. 마치 오랫동안 알고 지내던 사람인 것처럼 처음 만나는 순간부터 살갑게 대해준다.

이런 특성으로 이들은 민주적인 태도를 갖추게 되고, 명연설가로 성공을 거두기도 하지만 때로는 아낌없이 베푸는 성향으로 무일푼의 빈털터리가 되기도 한다.

화가 나면 끝장을 본다

자신에게 실망감을 안겨주면, 이들은 쉽게 넘어갈 수 없는 매우 중요한 문제라고 생각한다. 특히 자신의 아낌없이 베풀어주는 성향을 이용하려는 사람은 절대 용서해주지 않는다. 이들은 남들에게는 모든 것을 내어줄 자세가 되어 있지만 그들로부터 받으려고는 하지 않는다.

또한 이들은 화가 났을 때, '끝장을 보려고' 한다. 근육형은 극단적인 말을 하면서 불평불만을 과장하려는 경향이 있다. 일단 화가 나면 자신의 '분노'에 모두 굴복해야 직성이 풀린다. 이들은 매우 잘 발달한 무기를 갖추고 마치 언제든 최대한의 화력을 발휘할 수 있는 전함과 같다.

친구들과 격렬한 논쟁을 벌이기도 하고, 분노를 쉽사리 떨쳐버리지 못하기 때문에 논쟁을 벌인 친구와 평생 화해하지 못하기도 한다.

강한 독립심

이들의 성격 중 '자신의 힘으로 해결'하려는 자세는 널리 알려져 있다. 독립성이야말로 필요에 의해 만들어지는 것이다. 근육형의 사람은 원하는 것을 모두 자신의 힘으로 얻을 수 있으며, 다른 사람에게 도움을 요청하는 경우는 거의 없다.

든든하고 알찬 음식을 즐긴다

미국의 근육형들이 일반적으로 좋아하는 식단은 '감자를 곁들인 고기'이다. 영양형은 푸짐하고 달콤한 음식을 좋아하고, 가슴형은 다채롭고 맛좋은 음식을 좋아하지만, 이들 근육형은 든든하고 알찬 음식을 좋아한다. 특히 고기를 좋아하기 때문에 채식만 하는 것은 거의 불가능하다.

부자일 경우

근육형이 부자일 경우, 자선 사업에 지출을 많이 한다. 무언가를 소유하기 위해 돈을 많이 쓰지는 않지만, 진정한 가치

가 있다고 생각하면 다른 사람을 위해 투자하는 것도 아끼지
않는다.

대체적으로 뚱뚱한 사람은 세상을 관리하고, 혈색이 좋은
사람은 세상을 즐기며, 근육이 잘 발달된 사람은 이 세상의
일들을 처리한다. 앞에서 설명했듯이 이들은 일용직 노동자,
수공업자, 기계공 등의 일을 거의 도맡아 한다. 이들은 안락
함이나 남에게 보이기 위한 것을 좋아하지 않으며, 생활에
필요한 것들을 얻기 위해 기꺼이 열심히 일한다. 그래서 어
려운 상황에 처하더라도 금세 더 나은 환경을 만들어낸다.

근육형은 부자라도 떠들썩한 장소에 모여 흥청망청 먹고
마시는 것을 좋아하지 않는다. 방탕한 생활을 거의 하지 않
는다. 집에 있는 가구들은 대부분 소박하고 오래 사용할 수
있는 것이다. 일찍 잠자리에 들고 열심히 일하며 인생에서
실질적인 발전을 이루어낸다. 이들은 모든 인간 유형 중에서
도 가장 소박하고 가장 열심히 일하는 사람들이다.

중산층일 경우

이들은 일상적인 평범한 환경에서 가장 흔히 만날 수 있
다. 지나치게 열악한 곳이나 어마어마하게 호화로운 곳에서

는 거의 만날 수 없다. 이들은 평범한 사람도 쉽게 구할 수 있는 소박하고 단순하고 일상적인 것을 가지고 싶어 한다. 편안하게 살기 위해, 혹은 사치스럽게 살기 위해 백만장자가 되어야 한다는 생각은 하지 않는다.

즐기는 오락거리

이들은 평범한 사람들의 일상적인 경험과 희망 그리고 두려움을 다루는 연극을 가장 좋아한다. 한때 유행했던 '문제극'도 좋아하지만, 자신들의 삶과 가장 흡사한 평범하고 일상적인 이야기들을 좋아한다.

이들은 종종 심각한 문제를 주제로 한 강연회를 찾기도 한다. 특히 현재 벌어지고 있는 일들을 다루는 강연을 즐긴다.

오페라나 노래와 춤이 펼쳐지는 떠들썩한 공연은 실용적인 목적이 없다고 생각하기 때문에 전혀 관심이 없다. 단순히 즐기기 위한 공연에는 흥미가 없지만 자신의 일상적인 경험을 재현해 보여주는 것은 좋아한다. 오직 즐거움만을 위한 공연은 시간 낭비라고 생각하기 때문이다.

그 밖의 즐기는 것

음악 힘찬 선율의 밴드 음악과 활력을 돋워주는 모든 음악을 좋아한다.

독서 신문 기사 중에서도 실화를 다룬 기사나 스포츠 소식을 즐겨 읽는다. 감성적이거나 모험담 같은 내용은 좋아하지 않으며, 거의 예외 없이 실용적인 주제를 다룬 기사만 읽는다. 깨어 있는 동안에는 늘 몸을 움직이며 열심히 일하므로 너무 피곤해서 아무것도 읽지 못할 때가 많다.

스포츠 격렬한 육체 활동을 하는 운동 경기를 좋아한다. 주로 축구, 야구, 핸드볼, 테니스, 조정 그리고 권투를 좋아한다. 그리고 이런 종목의 유명 선수들은 주로 근육형이다.

신체적 특징

[✚] 잘 발달한 근육이 이들의 가장 큰 신체적인 장점이다. 이러한 장점을 활용해 자신이 머릿속에 떠올리는 거의 모든 것들을 이룰 수 있다. 이들은 지속적으로 노력할 수 있으며 쉽게 지치지 않는다. 그리고 단순명쾌한 태도로 정신적인 잠재력을 최대한 발휘해 일처리를 한다.

[━] 너무 과하게 일하려는 경향이 주된 약점이 된다. 이들이 가장 걸리기 쉬운 질병은 류머티즘이다. 하지만 부단히 몸을 움직이는 것을 좋아하고 다른 유형에 비해 더 많은 운동을 하므로 이들은 여러 가지 질병을 사전에 예방한다.

사회적 태도

[✚] 관대한 태도는 가장 훌륭한 사회적 장점이다. 솔직하

고 진지한 태도로 사람들에게서 신뢰를 얻는다.

[━] 유난히 큰 목소리와 꾸밈없는 태도가 사회적인 관계를 맺는 데 손해인 경우도 있다. 세련된 태도를 갖출 필요가 있어도 그렇게 꾸밀 마음이 전혀 없다. 또한 호전적인 태도 역시 심각한 결함이 되기도 한다.

감점

[✚] 이해심과 열정 그리고 따뜻한 마음 씀씀이와 같은 감정적인 장점으로 인해 종종 대중적인 지도자로 활동한다. 이들은 타고난 연설가이며 모든 시대의 급진적인 개혁가이기도 하다.

[━] 불같이 화를 내고 싸워 이기려는 성향 때문에 심각한 불이익을 당하기도 한다. 그 때문에 뛰어난 장점을 바탕으로 자신이 취할 수 있는 좋은 기회를 잃기도 한다.

사업

[✚] 효율적이고 자발적으로 열심히 일하려는 태도가 가장

큰 강점이다.

[—] 사소한 일에서 호전적인 태도를 보이기 때문에 많은 기회를 잃는다. 모든 문제를 끝까지 싸워서 해결하려 하는 동안 다른 사람이 그의 기회를 가로채기도 한다. 끝장을 보려는 성향으로 변호사나 연설가로 성공을 거두기도 하지만 사업에서는 손해를 본다. 사업을 할 경우에는 호전적인 태도를 누그러뜨리는 것이 반드시 필요하다.

가정생활

[+] 가족의 미래를 실질적으로 보호하려는 태도가 가장 큰 장점이다. 가족에게 아주 관대하거나 호들갑스럽게 대하지는 않지만, 일반적으로 가족의 미래를 위한 대비를 철저하게 해둔다.

[—] 거칠고 분노에 찬 말들로 가족에게 큰 상처를 주기도 한다. 그 때문에 가장 가깝고 가장 소중한 가족의 원한을 사는 경우도 있다.

목표 & 경계

[✚] 좀 더 자주 휴가를 즐겨야 하며, 매일 적절한 휴식을 취하고 호전적인 태도를 누그러뜨리는 것이 이 유형의 사람들이 특별히 지향해야 할 점이다.

[━] 천박하고 말다툼을 즐기는 사람은 피해야 한다. 육체적인 활동을 제한하거나 막는 모든 일과 가식적인 상황은 반드시 피해야만 한다.

최대의 강점 & 최악의 약점

[✚] 민주적인 태도와 근면성 그리고 강인한 신체적 특징이 이들의 최고의 강점이다.

[━] 지나치게 과로하거나 싸우기를 좋아하는 호전적인 태도가 이들의 약점이다.

[사회생활에서 근육형에 대처하는 법]

사회에서 근육형을 만났을 때는 잘난 척한다거나 어떤 행동이나 보상을 은근히 기대해서는 안 된다. 이들의 마음을 얻기 위해서는 직설적이어야 하며 솔직하고 진정성이 있어야만 한다.

[사업에서 근육형을 다루는 법]

근육형은 효율적인 것을 좋아하며, 민주적인 태도를 갖추고 있다는 것을 명심해야 한다. 이들과 함께 사업에서 성공하기 위해서는 그들과 같은 태도를 보이는 것이 유리하다.

자신을 속이려는 사람에게 매우 심하게 분노하고, 언제나 효율적인 방식을 요구한다. 그러므로 이들에게 일단 약속을 했다면, 반드시 상품을 전달하고 미리 제시한 가격을 요구해야 한다. 애초에 비싸다는 것을 미리 알고 있었다면 값을 치르는 것에 크게 신경을 쓰지 않지만, 나중에 추가로 값을 올리려 한다면 매우 분노한다. 이들은 사업에 대해 진지한 태도를 가지고 있으며 자신이 남들을 대하는 것처럼 남들도 자신을 그렇게 대해주기를 원한다.

기억해둘 것!

근육형의 가장 두드러진 특징은
잘 발달한 탄탄한 근육, 사각턱, 그리고 각진 손이다.

다른 유형의 사람 중에도
이러한 외형이 있을 수 있지만,
이러한 특징이 두드러진 사람은
대부분 근육형이다.

Chapter 4

골격이
두드러진 형

"끈기 있는 사람"

• The Osseous Type •

뼈대가 유난히 발달한 사람을
'골격형'이라고 부른다.
뼈로 이루어진 신체 조직을
골격이라고 부르는데,
골격은 우리 몸을 바르게 지탱하고
더욱더 잘 보호하기 위해 발달했다.

가장 신뢰할 수 있다

골격이 두드러진 형

▼ ▲ ▼

우리 몸의 골조, 뼈

인간은 상대적으로 큰 키에도 불구하고 직립보행을 한다. 몸을 지탱해주는 역할을 하는 뼈대가 잘 발달해 있기 때문에 직립보행을 할 수 있는 것이다. 인간의 몸은 높은 빌딩과 같아서 근육은 빌딩의 외형을 형성하는 회반죽의 역할을 하고, 뼈는 철제골조의 역할을 한다. 뼈를 둘러싸고 나머지 모든 기관이 구성되며, 뼈가 없다면 이 구조물은 곧게 서 있지 못한다.

한눈에 골격형을 알아차리는 법

발목과 손목, 손가락 관절 그리고 팔꿈치가 유난히 돌출되어 있다는 것은 신체 내의 골격이 상대적으로 잘 발달해 있다는 것을 나타내는 것이다.

　누군가를 살펴볼 때 우리는 그 사람의 신체 중에서 지방과 뼈 혹은 근육 중 어떤 요소가 더 두드러지게 나타나는지 금세 알아차릴 수 있다. 서로 다른 유형이 섞여 있다 해도 지방이 두드러지면 영양형에 가깝고, 잘 발달된 근육이 눈에 띈다면 근육형이라 할 수 있다. 그리고 몸에 비해 골격이 상대적으로 두드러져 보인다면 골격형 인간의 특성을 많이 가진 경우이다.

빼빼 마른 '갈비씨'

　'갈비씨'는 극단적인 골격형의 외모를 정확하게 표현하는 말이다. 이런 사람은 어느 집단 속에서나 두드러지게 보이며 흔히 볼 수 있는 인물이다. 하지만 이들의 외형이 다른 사람들과 큰 차이가 있는 것만큼이나 내면적인 특성 역시 많은 차이가 있다는 것이 최근에 밝혀졌다.

　이번 장에서 설명하게 될 이 유형의 모든 특성이 주변에서 흔히 마주치는 빼빼 마른 사람의 특성과 신기할 정도로 정확하게 맞아떨어진다는 것을 알게 될 것이다. 비록 과학적인 연구에 의해 가장 나중에 분류되었지만, 이들은 모든 유형들

중에서도 가장 극단적인 특성을 보여준다.

경직되고 만만찮게 보인다

골격형의 가장 눈에 띄는 특징은 신체가 경직되어 있다는 것이다. 이들은 남녀 할 것 없이 안정적이고 변화가 없으며 동요되지 않을 것처럼 보인다. 그리고 일단 어떤 입장을 선택하게 되면 그것을 끝까지 고수할 것처럼 보인다.

키가 아주 크고, 빼빼 마른 사람들은 이러한 인상을 매우 강하게 드러내므로 걸인들이나 거리의 호객꾼이 이들에게 가까이 다가서는 경우는 드물다. 이들을 바라보는 사람들은 누구나 체형에서 오는 위압감을 느끼게 된다. 큼직한 관절과 각진 손 그리고 전반적인 신체 크기에서 드러나는 강인함으로 인해 다른 사람들이 본능적으로 쉽게 접근하지 않게 된다. 그래서 우범지역의 어둠침침한 뒷골목을 걷는다 해도 불량배들이 시비를 거는 경우는 거의 없다.

요지부동일 것 같은 외형

또한 이 유형은 억세게 보이기도 해서 울퉁불퉁한 바위산을 떠오르게 한다. 단호하고, 확고하며, 냉정해 보여서 이들과 관련된 모든 일은 전혀 요지부동일 것만 같다.

외적인 모습은 우연하게 형성되는 것이 아니어서 언제나 내적인 특성과 일치한다. 그러므로 이들의 외모가 억세게 보이는 것도 우연한 일이 아니며, 인간적인 특성 역시 확실하게 표현되고 있는 것이다.

한결같다

모든 유형의 사람 중에서도 골격형은 가장 신뢰하고 의지할 만한 사람이다. 이들은 '한결같은 사람' '절대 욱하지 않을 사람' '언제나 변함없는 사람'이라는 말을 듣는다.

가장 기본적인 특성 중 하나는 정신적으로나 신체적으로 또 도덕적으로 흔들림이 없다는 점이다. 어떤 도시나 집, 심지어는 의자까지 어느 장소이든 일단 정착하게 되면 움직이는 걸 싫어한다. 다른 인간형처럼 머물 장소를 빨리 서둘러 정하지는 않지만, 일단 정하고 나면 오래 머문다.

이러한 심리학적인 특성이 다른 유형과 많은 차이를 보이는데, 이것은 이들의 생리적인 신체구조와 정확하게 일치한다. 영양형의 경우에는 두툼한 살집을 손가락으로 누르면 움푹 들어가는 것처럼 자신의 계획이 일시적으로 변경되는 것을 허용한다. 하지만 골격형은 뼈를 뒤틀거나 돌려 변형시키기 어려운 것처럼 그들의 성향 또한 쉽게 바꾸기 어렵다. 이들의 계획을 변경시키기 위해서는 오랜 시간과 노력이 필요하다. 하지만 일단 변경되면 변경된 대로 오랫동안 지속된다.

평균보다 큰 키

사람들의 키는 골격으로 결정되기 때문에, 키가 매우 큰 사람은 골격이 평균보다 더 크다는 것을 의미한다. 그러므로 전형적인 골격형은 키가 크다. 하지만 큰 키보다 커다란 관절이 보다 더 중요하다는 것을 기억해야 한다. 키는 작지만 관절이 유난히 큰 사람이 있다면 그들 대부분도 이 골격형의 성향을 가지고 있다.

키와 상관없이 그리고 살이나 근육이 많은 것과 관계없이 몸에 비해 각 부위의 뼈가 큰 사람은 어느 정도 골격형의 특징을 가지고 있을 것이라고 생각해야 한다. 뚱뚱하지만 관절이 굵직하다면 영양형과 골격형이 결합한 경우이다. 마찬가지로 근육이 발달하고 관절이 큰 사람은 근육형과 골격형이 결합한 것이다.

작은 체구의 골격형도 있다

키가 아주 작은 사람일지라도 몸에 비해 골격이 상대적으로 크다면 이 유형의 특성을 보이게 된다. 이런 사람은 '작은 골격형'이라고 부른다.

전형적인 골격형은 신체에서 머리가 우뚝하고, 몸의 위아래가 거의 일직선으로 보인다. 영양형처럼 둥글지 않고, 가슴형처럼 가오리연 모양도 아니며, 근육형처럼 각이 져 있지도 않다. 머리가 다른 유형들보다 더 우뚝하고, 더 각진 모양을 하고 있으며, 목은 더 길고, 울대뼈가 특히 두드러지게 나왔다.

개척자 기질

다른 유형의 사람들처럼 이들이 갖게 된 특성도 일정한 환경에 의해 만들어진 것이다. 환경이 매우 혹독한 외진 지역에서는 극기심이 강한 사람들이 생존할 수밖에 없으므로, 문명의 외곽에서 이러한 사람들의 진화가 이루어진 것이다.

혹독한 추위와 지극히 불편한 환경에서 곤경을 겪으며 마침내 그것을 '극복해낼 수 있는' 사람들이 만들어진 것이다.

이들은 자신의 감정에 굴복하지 않는다. 고통과 슬픔을 견뎌내며 야망과 자신의 진정한 의지를 굳건히 지키는 이들에게 연약한 모습은 전혀 찾아볼 수 없다. 이들의 진면목을 한눈에 알아보고 싶다면, 영양형과 가슴형을 완벽하게 섞어놓고 그 정반대의 사람이라고 생각하면 된다. 이 두 가지 유형이 보여주는 모든 특성과 정반대의 특성을 지닌 사람이라고 생각하면 된다.

우뚝한 광대뼈

보통의 사람보다 광대뼈가 두드러져 보인다면 대개 가슴형이나 골격형이다. 양쪽 광대뼈 사이가 많이 벌어져 얼굴에서 가장 넓은 부분으로 보인다면 골격형보다는 가슴형일 가능성이 더 크다. 하지만 얼굴 폭이 좁고 특히 광대뼈에서 턱의 모서리까지 점점 좁아지는 대신 수직의 형태를 보인다면 대개는 골격형에 속한다.

뻣뻣한 직사각형의 외형

이들을 보면 직사각형이 생각난다. 신체의 외형은 길이가 긴 직사각형으로 보일 정도로, 몸의 구석구석이 각진 모서리로 이루어져 있다. 얼굴의 모양도 직사각형인데, 심지어는 옆얼굴마저도 다른 어떤 인간형보다 직사각형이 더욱 두드러지게 보일 것이다.

이들의 손은 울퉁불퉁하게 마디가 두드러진다. 손의 윤곽 또한 길쭉한 직사각형이다. 손가락을 모았을 때, 손끝으로 가면서 손의 형태가 점점 좁아지지 않고 일직선으로 이어진다. 이들의 손은 몸과 머리 그리고 얼굴의 형태와 일치한다. 앙상하고 각져 있으며 커다란 관절은 겉으로 보이는 것만큼이나 단단하다. 악수를 하면 손이 뻣뻣하다는 것이 확연히 느껴진다.

손가락 마디가 불규칙하게 보이는 것은 몸 전체적으로

"너무 느려 터졌어!" 주변에서 종종 이런 말을 듣는 사람들의 외모를 머릿속에 떠올려 보면 대부분이 지금 설명하고 있는 골격형의 특징을 지닌 사람이라는 것을 알 수 있을 것이다.

186

그렇듯이 관절이 크기 때문이다. 이것은 골격형의 모든 관절의 크기가 크다는 것과 맥을 같이한다.

고지식하고 엄격하다

되풀이 이야기하지만, 이러한 특징이 그저 우연히 나타나는 것이 아니다. 모두 인과관계의 법칙에 의한 결과이다. 외적인 특성과 내적인 특성 사이의 관계는 점점 더 명확하게 드러나고 있으며, 전혀 예상하지 못했던 것들도 속속 밝혀지고 있다.

최근에 밝혀진 것 중 하나는 얼굴 표정이 무표정한 사람의 성격은 매우 고지식하다는 것이다. 주변의 사람들을 관찰해보면 융통성이 없는 사람은 평균보다 위아래로 더 곧은 얼굴선을 가지고 있다.

되짚어 생각해보면 당신이 아는 사람 중에서 고지식한 사람의 얼굴이 둥근 형태인 경우는 없다는 것을 쉽게 알아차릴 수 있다. 융통성 없이 엄격한 태도로 다른 사람들의 잘못을 지적해야 하는 지위에 있는 사람일지라도 만약 얼굴이 둥글다면 실제로는 그런 성격을 지닌 사람이 아니다.

빼빼 마른 갈비씨

두드러진 광대뼈와 관절

모든 것은 제자리에 있어야만 해!

타고난 보수주의자! 고지식하고 엄하다

꼿꼿이 앉고 꼿꼿이 걷는다

결코 서두르지 않는다

너무 느려 터졌어!

체계와 질서를 추구

'모든 것은 제자리에 있어야만 한다'는 원칙을 주장하고 또 실천한다. 이들은 자신의 물건을 잘못된 장소에 놓아두지 않는다. 자기 것이 어디에 있는지 언제나 잘 알고 있으며 어둠 속에서도 그것들을 쉽게 찾을 수 있다. 자신의 물건을 조심히 다루며 작업대나 책상을 깨끗하게 정돈해 놓는다. 여성의 경우에는 살림을 아주 잘한다. 바느질 바구니와 서랍장 그리고 찬장 등이 언제나 질서정연하게 정리되어 있다.

경직된 앉는 자세

전형적인 골격형은 어느 정도는 형식적으로 행동하는 경향이 있다. 다른 유형의 사람보다 더 움직임이 적고, 말을 할 때도 손이나 팔을 흔들지 않으며 거의 아무런 동작도 하지 않는다. 너무 키가 크거나 빼빼 마른 경우를 제외하고는 구부정한 자세로 의자에 앉는 경우는 없으며, 흔들의자보다는 등받이가 딱딱한 의자를 좋아한다.

꼿꼿한 걸음걸이

빼빼 마른 사람들은 걸음걸이가 딱딱하다. 다른 모든 동작이 그렇듯이 걸음걸이 역시 차분하지만 다소 기계적이다.

다섯 가지 유형의 차이점 중 걸음걸이가 가장 흥미롭다. 영양형은 물결이 굽이치듯 걷고, 가슴형은 경쾌하게 걸으며, 근육형은 힘차게 걷는다. 하지만 골격형은 기계적으로 차분하게 걸으며, 결코 서두르거나 빠르게 걷지 않는다.

타고난 균형감

이들은 다른 유형에 비해 균형 잡힌 태도를 가졌다. 감수성이 예민하지 않은 편이며, 쉽게 흥분하거나 자극을 받지도 않는다. 다른 사람들이 흥분하는 일에도 이들은 좀체 반응하지 않는다. 다른 유형에 비해 자제력이 강하고 자급자족할 능력이 있다. 골격형의 사람을 충동적으로 어떤 일에 참여하도록 만들 수는 없다. 일상생활에서도 아침과 저녁, 일요일과 휴가 기간에 할 일을 미리 계획해 놓으며 그것을 바꾸는 법이 없다.

신경과민은 없다

어떤 일에 대해 신경을 많이 쓰는 법이 없다. 다른 유형에 비해 외부적인 자극에 그다지 신경을 쓰지 않는다. 이런 면에서 주변 환경에 지극히 민감하게 반응하는 가슴형과는 정반대의 특성이 있다.

변화를 싫어한다

헤어 스타일에서 마음가짐에 이르기까지, 그 무엇이든 절대 필요 이상으로 바꾸려 하지 않는다. 만약 무언가를 바꾸었다면, 도저히 그럴 수밖에 없는 충분한 이유가 있기 때문이다.

또한, 전혀 변덕을 부리지 않는다. 체계적으로 잘 계획되어 있는 자신만의 일과 시간과 삶을 꾸려가며, 사소한 일로 자신의 생활이 엉망이 되지 않도록 노력한다. 어떤 행동을 하기 전에는 충분한 시간을 들여 심사숙고하지만 일단 결정을 내리면 집요할 정도로 그것을 지킨다.

골격형은 변덕을 부리지 않으며 경박하지도 않다. 이들이 사랑에 빠지는 것도 지극히 극소수지만, 일단 사랑에 빠지면 쉽사리 마음을 거두어들이지 않는다. 이들은 오랜 세월 동안, 때로는 평생에 걸쳐 하나의 사랑만을 변치 않고 지킨다.

화해하기 어렵다

골격형은 갑작스럽게 감정을 쏟아내지는 않지만, 일단 화를 내면 절대 풀지 않는다. 가슴형과는 반대로 절대 용서하지 않으며, 절대 잊지도 않는다. 영양형은 남을 미워하는 것도 성가신 일로 여겨 싫어하는 사람은 피하고 곧 잊어버린다. 가슴형은 한순간 버럭 화를 내지만 이내 용서해버리고 만다. 근육형은 현장에서 즉시 싸우거나 언쟁을 벌인다.

하지만 골격형은 상대방을 경멸하고, 미워하며, 진저리를 친다. 몇 년이 지나 상대방이 그것을 모두 잊는다 해도 이 유형의 사람은 가슴속에 담아두고 있다. 완강한 태도를 지닌 사람은 언제나 골격이 발달해 있다. 잘못을 저지른 자녀를 집에서 내쫓는 냉정한 아버지라면 골격이 두드러진 사람일 확률이 크다. 세월이 흘러도 마음을 누그러뜨리고 용서하지 않는 사람은 모두 이 유형에 속한다.

적응력이 낮다

가슴형과는 반대로 어떤 상황이나 환경에 쉽게 적응하지 못한다. 고집이 세고, 자신의 의견을 굽히지 않아서 잘 적응하지 못하기 때문에 '고집불통'이라는 소리를 듣는다. 하지만 잘 적응하지 못한다는 것 때문에 이들을 오해해서는 안 된다. 영양형이 유연하게 행동하고, 가슴형이 충동적으로 행동하는 것과 마찬가지로 이런 점도 자연스러운 특성이기 때문이다. 눈빛이 파란색이 아닌 갈색이라고 비난할 수 없는 것처럼, 골격형이 그런 특성을 지니고 태어난 것이기 때문에 비난할 일은 아니다.

고집 센 외골수, 타고난 전문가

'외골수'가 이들의 특징이다. 한 가지 생각과 태도를 고수한다. 오랫동안 똑같은 것에 대해서 생각하고, 평생 확실한 몇 가지 행동만을 고집한다. 하지만 이처럼 철저한 집중력을 통해 변덕스러운 다른 유형들보다 더 많은 성과를 만들어낸다는 것을 기억해야 한다.

'한 가지만 한다.'는 것이 이들의 좌우명이다. 이들은 전혀 변덕스럽지 않아서 일을 하다가 중간에 다른 일로 넘어가지 않는다. 한 번에 한 가지 일만 하는 것을 좋아하며, 그 일을 잘 마치기 전까지는 다른 일을 하지 않는다. 이런 이유로 이들은 전문적인 분야에서 두각을 나타낸다.

여러 가지 일에 관심을 보인다면 이 유형의 사람이 아니다. 이들은 한 번에 한 가지 이상의 문제가 주어지면 안절부절하다가 결국 화를 내고 만다.

가장 신뢰할 수 있다

'변하지 않는다.'는 특성은 골격형에게 너무나도 많은 어려움을 겪게 하지만, 매우 훌륭한 장점이 되기도 한다. 그것은 바로 신뢰감을 준다는 점이다.

이들은 믿음직스럽다. 다른 누구보다 이들이 하는 말을 더 믿게 되는 것은, 자신이 한 말을 매우 세심하게 지키며 살기 때문이다.

이 유형의 사람이 "4시에 백화점 앞에서 만납시다."라고 했다면, 그는 반드시 그 시간을 지킨다. 늦게 도착하거나, 취소하거나, 구차한 변명을 늘어놓는 일은 없다. 정확한 시간에 그 장소에 도착해 있을 것이다.

아마 영양형은 약속 시각보다 늦게 도착해서 미소를 지으며 사과할 것이다. 가슴형은 약속 시각에 제아무리 늦게 도착한다 해도, 상대가 화를 낼 틈도 없이 늦은 이유를 과장되게 묘사하며 자연스럽게 상황을 모면하려 할 것이다. 하지만 골격형은 그와 같은 잔머리를 경멸하기 때문에 절대로 시도해서는 안 된다. 그 자신이 약속을 잘 지키기 때문에, 다른 사람에게도 지킬 것은 지키라고 요구하는 것이다. 하긴 이것은 누구나 가지고 있는 특성이기도 하다.

책임감이 강하다

지나치게 많은 생각과 일을 해야만 하는 것이 아니라면, 이들은 책임지는 것을 좋아한다. 어떤 과제나 직책이 맡겨지면 그것을 성실하게 수행할 것이다. 어떤 일을 맡겨도 믿을 수 있다. 일단 한번 맡은 일은 매우 훌륭하게 수행하기 때문이다.

일단 골격형이 당신을 위해 어떤 일을 맡기로 했다면, 그 일에 대해서는 잊고 있어도 된다. 그 일을 끝내도록 조언하거나, 강요하거나, 감시하거나, 부추기거나, 설득할 필요도 없다. 골격형의 사람들은 일단 자신이 맡기로 했다면 그 일

에 집중하는 것을 좋아한다. 서둘러 달라고 할 수는 있지만
그 일에 전념하고 있는지 확인하려 감시할 필요는 없다. 많
은 일에 손을 대지는 않지만 한번 맡은 일은 매우 성공적으
로 마무리 짓는다.

시대의 순교자

'대의를 위해 죽음을 택했다'는 평을 듣는 사람들 대부분
은 평균보다 큰 골격을 지닌 사람들이다.

전형적인 영양형은 큰 뜻과 같은 것으로 고민하는 경우가
드물다. 가슴형은 주로 순간적인 쾌락과 도전적인 삶을 누리
기 위해 산다. 근육형은 다양한 활동을 펼치며 열심히 싸우
고 열심히 일한다. 하지만 골격형은 자신의 믿음을 위해 죽
음도 불사한다. 신념을 지키기 위해 오랫동안 감옥에 갇혀
있는 사람들은 대부분 이 유형에 속한다.

배척과 조롱 그리고 비난을 받더라도 이들은 그런 것들에
거의 영향을 받지 않기 때문에 이러한 행동을 할 수 있다. 굳
은 결의를 훼손하려는 모든 행위는 단지 이들의 결의를 더
단단하게 만들 뿐이다.

반대편에 선다

'그가 어떤 일을 하도록 만들고 싶다면, 정반대의 일을 시키면 된다.'는 것은 특정한 종류의 사람과 일할 때 적용하는 널리 알려진 법칙이다. 이 법칙은 어떨 때는 효과가 있고 어떨 때는 그렇지 못하다. 하지만 인간 분석학을 배운 사람들은 그 이유를 잘 알고 있다.

그 법칙의 효과가 있다면 그 상대방은 분명 이 골격형에 속하는 사람이거나 이 유형의 특성을 많이 가지고 있는 사람이다. 효과가 없다면, 당연히 다른 유형의 사람인 것이다.

"반대로 하라고요?" 최근에 골격형인 이웃 사람이 불평하듯 말했다. '반대'는 골격형의 또 다른 이름이다. 또 누군가 "난 항상 설득당할 준비가 되어 있어. 하지만 날 설득시킬 사람이 정말 있을지는 모르겠군."이라고 자주 말한다면, 보나 마나 그는 골격형이다.

매우 빼빼 마르고, 각진 외모를 지닌 사람들은 "그게 정확히 무엇인지 모르겠지만, 나는 반대한다."는 식의 태도를 보인다. 어떤 일에 대해 다른 사람이 결정을 내릴 때까지, 이들은 종종 무의식적으로 그 결정에 참여하지 않으려 한다. 그리고 일단 결정이 내려지면, 이들은 반대 의견을 선택한다.

학창시절에 늘 반대만 하던 친구의 얼굴과 체형을 떠올려

보면, 거의 대부분 몹시 여윈 친구였을 것이다. 보름달처럼 둥근 얼굴에 몸이 퉁퉁했던 친구는 전혀 그러지 않았을 것이다. 그는 순하고, 태평하며, 성격이 좋아서 점심시간을 빼앗지 않는 한 그러한 토론에는 관심도 두지 않았을 것이다.

댄스파티에 당신이 친구 중에 가장 멋진 친구를 데려갔다고 상상해보자. 그 파트너는 춤도 잘 춘다. 아마 당신을 다이아몬드 속의 자갈처럼 보이게 할 만큼 멋진 모습일 것이다. 넓은 가슴과 붉은 혈색, 높은 코를 가진.

그런가 하면 전혀 설득할 수도 없고, 굴복하지도 않으며, 만장일치가 될 때까지 끝까지 고집을 피우던 친구도 있었을 것이다. 그 친구는 분명 골격이 크고 사각턱이었을 것인데, 그것은 바로 골격형과 근육형의 조합을 나타내는 것이다.

사회의 평형추

세상 사람들이 제멋대로 행동하거나 법과 관습 그리고 전통이 경솔하게 변하지 못하도록 막는 것은 이들이 사회를 위해 기여하는 역할 중 하나이다. 골격형은 불편부당한 설득에 넘어가지 않으며, 세상이 중심을 잃고 이리저리 휩쓸린다 해도 꼿꼿이 제자리를 지키며 그 사회의 평형추와 같은 역할을 한다.

10년이고 20년이고 같은 스타일

이 유형의 사람들은 입는 옷마저도 똑같은 이야기를 들려준다. 유행은 왔다가 지나가는 것이지만 이들은 10년 전에 널리 유행했던 스타일의 옷을 고집한다. 오래전에 유행한 옷을 입고 있는 사람들을 살펴보면 대부분 관절이 굵직하고 얼굴이 길다는 것을 알 수 있을 것이다. 또 골격형은 단순히 몸에 잘 맞는 깃이 있는 옷이나 모자를 찾는다. 어쩌면 똑같은 옷깃과 모자를 20년은 고수할지도 모른다!

주변을 살펴보면 어디에서나 지금 유행하는 것을 무시하고 10년 전의 스타일을 고집하는 사람을 찾아볼 수 있다. 그들은 한결같이 뼈만 앙상한 사람들이며, 어떤 경우이든 얼굴이 붉고 가슴이 넓은 사람은 없다. 얼굴과 코가 길쭉하고 턱과 손도 보통 사람들보다 더 길쭉한 골격형에 속하는 사람들일 것이다.

비사교적이다

겉으로 드러내 보이는 것을 싫어하고, 상류사회의 새로운 유행에 따르는 것을 거부하며, 사람들에게 적응하는 것을 이들이 좋아하는 음식은 바로 '어제 먹었던 것과 똑같은 것'이다.

식당에서 새로운 음식을 주문하는 경우가 드물다. 아주 오랫동안 먹어왔던 음식만이 가장 좋은 음식이어서 다른 메뉴를 선택하도록 하는 것은 거의 불가능하다.

어려워 하기 때문에 이들이 사회적으로 성공하는 경우는 드물다.

모든 유형 중에서 바람둥이가 가장 적다. 여성이 남성에 비해 더 사교적이지 못한데, 동료들과 어울려야만 하는 사업적, 직업적 필요가 여성에게는 그다지 강하게 요구되지 않기 때문이다.

신랄하고 정확한 말

이들은 아첨하지 않으며 칭찬도 거의 하지 않는다. 그렇게 하고 싶어도 쉽사리 말로 표현하지 못한다. 하지만 칭찬을 했다면 그것은 진심이다. 이들은 신랄하고 명확하게 말을 한다. 그 때문에 시시한 잡담이 너무 많이 오가는 현대의 사회생활에서 어려움을 겪는다.

말수가 적다

말수가 적은 사람이 있다면 반드시 몸에 비해 골격이 큰 사람이다. 뚱뚱한 사람은 기분 좋고 상냥하고 즐겁고 악의 없는 말을 많이 하고, 가슴형은 넘치는 물결처럼 말을 쏟아내고, 근육형은 논쟁하고 단언하고 설명한다. 하지만 골격형은 거의 말을 하지 않는다.

구두쇠 갈비씨

야윈 사람들은 절대로 낭비하지 않는다. 낭비하지도 않고 쉽게 내버리는 것도 없다. 이런저런 물건을 모아 사용할 일이 생길 때까지 몇 년 동안 모아둔다. 모아두었던 물건들을 내놓는다면 그것들을 유용하게 사용할 사람이 나타나 넘겨주는 때뿐이다.

뚱뚱한 사람이 인색하게 구는 일은 거의 없다. 또한 얼굴 혈색이 좋거나 가슴이 탄탄한 사람 중에서도 지독한 구두쇠는 거의 없다. 근육이 잘 발달한 구두쇠 역시 없다. 하지만 뼈만 앙상한 갈비씨들은 거의 대부분 돈 문제에 있어 대단히 까다롭다.

'반대'는 나의 또 다른 이름

유행은 무시! 10년 동안 같은 스타일

재촉하거나 나를 변화시키려 하는 사람은 NO!

겉만 번지르르한 사람은 짜증난다

한 번에 한 가지 일만!

평생에 단 하나의 사랑

정확한 셈!

부자일 경우

비록 절약을 소홀히 한다는 것은 아니지만, 이들이 한 가지 스타일의 옷만 고집하는 것이 꼭 돈을 아끼기 위해서만은 아니다. 이것은 오히려 아주 오랜 시간이 지날 때까지도 외적인 환경 변화에 적응하지 못하는 성향 때문이다.

앞에서 언급했듯이, 이들은 '끈기 있는 사람'들이며 이러한 특성은 옷이나 생각, 말, 신념 그리고 매일매일의 행동에도 모두 적용된다. 제아무리 부자일지라도 자동차를 산 지 얼마 되지 않아서 또 다른 자동차를 사는 식의 일은 하지 않는다.

다른 모든 사람이 그렇듯이, 이들은 어떤 식으로든 변화 없이 자신들의 특성을 유지하기 위해 돈을 쓴다. 이들은 한결같은 것, 그래서 어떤 것과 '친숙해지는' 것을 좋아한다. 전혀 유행을 따라가지 않으며 모든 인간 유형 중에서 가장 보수적이다. 가슴형과는 달리 극단적인 것을 피하며 겉으로 보여주기 위한 것이나 눈에 띄는 것을 싫어한다.

돈에 조심스럽다

다른 유형에 비해 지출에 더 세심한 관리를 하기 때문에 이들이 빈털터리가 되는 경우는 거의 없다. 아주 적은 임금을 받는 경우라도 이들은 늘 저축한다. 하지만 이 유형의 특성이 강한 사람 중에서 백만장자가 되는 경우는 없다. 너무 많은 돈의 지출은 억제하는 조심성이 큰돈을 만드는 모험의 기회 역시 막아버리기 때문이다.

이들은 다른 어떤 유형보다 돈에 조심스러운 태도를 보인다. 그래서 다른 유형과 잘 혼합되었을 경우 금융업과 같이 자신의 돈이 아닌 다른 사람의 돈으로 운영되는 사업에서 크게 성공할 수 있다.

이들은 제아무리 돈이 많더라도 절대로 방종하거나 사치스럽게 살지 않는다. 어떤 물건을 살 때도 정해진 한도 이상의 돈을 치르는 것은 절대 안 된다고 생각한다. 잔돈도 바지 주머니 속에 넣지 않고 별도의 동전 지갑을 챙겨서 다닌다면 반드시 이 유형에 속하는 사람이다. 반면, 계산대에서 식사비를 내며 지폐를 바닥에 떨어뜨리는 사람이 있다면 반드시 뚱뚱하거나 혈색이 좋은 사람이다!

미래를 걱정한다

복부형이나 가슴형은 '돈이 궁해졌을 때'를 걱정하지 않지만, 골격형은 그런 상황이 올 수도 있다는 생각을 늘 하고 있다. 그래서 이들은 급여가 적은 직장이라도 오랫동안 떠나지 않는다. 곤궁한 상황이 닥칠 수도 있다는 걱정을 하기 때문이다.

셈에 정확하다

"빼빼 마른 사람들이 누구보다 더 믿을 만하죠." 신용대출 전문가들이 우리에게 해준 말이다. "동일한 조건이라면, 돈 문제에서는 그런 사람들이 가장 확실합니다. 남들보다 훨씬 더 빨리 상환하니까요."

하지만 이들은 대출상담사를 거의 찾지 않는다. 본인에게 반드시 필요한 돈은 평소에 여유를 두고 갖추고 있기 때문이다. 만약 돈이 없다면 돈이 생길 때까지 물건을 구입하지 않는다. 영양형이나 가슴형 남편들은 아내에게 돈을 모두 건네주며, 그것을 어떻게 사용했는지에 대해서도 절대 묻지 않는다.

하지만 이 유형의 남편들은 전체 수입에서 아주 적은 용돈만을 아내에게 건넨다. 그들 자신이 매우 계획적이기 때문에 부인도 지출한 내용을 항목별로 작성해서 알려주기를 원한다.

항상 억제한다

남자든 여자든 이 유형의 사람은 늘 어느 정도 감정을 억제한다. 터트리기 직전의 샴페인 병처럼 언제나 부글부글 끓는 가슴형과는 달리, 이들은 절대 감정을 밖으로 내보이지 않는다. 늘 남들보다 과묵해서 사적인 일에 대해서는 말을 아낀다. 몇 년 동안을 함께 생활했어도 이들에 대해서 그다지 아는 것이 없을 수도 있다. 가슴형은 쉽게 비밀을 털어놓고 영양형은 잘 속지만, 이들은 감추는 것이 많고 경계도 많이 한다.

한번 친구는 영원한 친구

이들은 '한번 친구가 되면 끝까지 변치 않는다.'라는 평을 듣는다. 쉽게 친구를 사귀지 못하며 남들과 잘 어울리지도 못하지만, 일단 사귄 친구와는 아주 오랫동안 우정을 나눈다. 아주 소수의 사람만 친구로 받아들이지만, 한번 선택한 친구에게는 과하다 싶을 정도로 잘 대해준다.

이들은 친구를 위하는 말이나 행동을 많이 하지 않는다. 감정도 잘 드러내지 않는다. 하지만 필요할 때는 언제나 한

결같은 모습으로 그 곁을 지킨다.

철저한 준비성

이들은 미리 예측하고 먼 미래의 계획을 준비해두며, 만약의 경우에 대비한다. 어떤 일을 하는 데 있어 마지막 순간까지 기다리는 것을 좋아하지 않는다. 어떤 일에서건 예상치 못했거나 긴급한 상황을 싫어한다. 예를 들자면, 이들이 여행을 떠날 때면 열차에 올라타기 전에 거쳐야 할 모든 과정에 대해서 미리 생각해둔다.

오래 사는 이유

이들이 다른 인간형에 비해 오래 사는 이유에는 두 가지가 있다. 우선 첫 번째는 주변의 일에 신경을 거의 쓰지 않기 때문에 심신을 소모할 일이 적다. 거의 흥분하는 경우가 없으며, 감정적인 일에 휘말려 스스로 녹초가 되는 일이 없다. 두 번째는 습관적으로 음식을 적게 먹는다는 점이다. 다른 유형의 사람들과는 달리 음식에 크게 신경 쓰지 않기 때문이기도 하지만, 그보다는 돈을 아끼기 위한 것이다.

인간관계

자신을 재촉하거나 자신의 습관을 변화시키려 하는 사람을 싫어한다. 겉만 번지르르한 사람을 봐도 짜증을 낸다. 하지만 무엇보다 자신에게 명령하는 사람을 혐오한다. 이들을 잘 다루는 방법은 자기들 나름의 방식으로 일하고 있다는 생각을 가지도록 해주는 것뿐이다.

그러나 절대 간섭하지 않고 자신의 계획과 욕구 그리고 특이한 행동을 기꺼이 받아주는 사람은 좋아한다.

취약한 질병

다른 유형에 비해 이들은 특별한 병에 걸리지 않는 편이다. 하지만 우울증, (특히 경제적인) 공포감, 오래 지속되는 증오와 분노 그리고 변화 부족 등이 간접 원인이 되어 치명적인 병에 걸리기도 한다.

좋아하는 것들

음악 군악과 클래식 음악 그리고 발라드를 좋아한다. 특히 옛날 노래를 좋아한다. 영양형이 사랑해 마지않는 재즈는 골격형이 가장 싫어하는 장르다.

독서 독서도 많이 하지 않고 좋아하는 분야나 저자도 매우 극소수지만, 깊게 빠져드는 경향이 있다. 한 가지 주제에 관한 책을 아주 오랫동안 읽어서 거의 전문가 수준이 되지만 다른 주제에는 전혀 관심을 두지 않는다. 한 작가에게 반하면 그 작가가 쓴 모든 작품을 다 읽는 스타일이다. 마치 똑같은 신문을 반세기 동안 읽는 그런 종류의 사람이다.

스포츠 갑작스럽게 에너지를 써야 하는 경우가 없고, 차분하게 혼자 즐길 수 있는 하이킹과 골프를 좋아한다. 팀워크를 요구하거나 다른 경쟁자에게 빠르게 반응해야 하는 운동에는 관심을 두지 않는다. 가슴형과 혼합되어 있는 경우를 제외하면, 테니스를 특히 싫어한다.

공연 자신이 좋아하는 배우가 등장하는 진지한 연극을 좋아한다. 시끌벅적한 춤과 노래가 펼쳐지는 공연을 가장 싫어한다.

신체적 특징

[✚] 남다른 인내력과 곤경을 견뎌내는 능력, 날씨에 대한 무관심과 적게 먹는 습관이 주요한 장점이다.

[━] 만성질환을 앓는 경우가 많다는 것 외에는 결점이라고 할 만한 신체적인 특징이 없다. 만성질환을 앓게 되는 병을 얻는 것도, 그 병이 치료되는 것도, 모두 느리다.

사회적 태도

[✚] 특별히 사회적인 장점이라고 꼽을 만한 특성이 없지만, 시종일관 보여주는 강직한 태도는 사회생활을 하는 데 많은 도움이 된다.

[━] 경직되어 어색한 태도, 적은 말수, 그리고 겉치레나 다른 사람 칭찬을 잘 못 하는 것이 주된 사회적 결함이다.

감정

[✚] 이들은 전혀 감정적이지 않아서 어떤 형태로든 순수한 감정적 장점이 있다고 말할 수도 없다.

[━] 열정을 보이거나, 열광적인 태도가 없어서 다른 사람들에게 깊은 인상을 남기지 못한다.

사업

[✚] 약속한 것을 지키며, 질서와 체계를 준수하는 것이 사업적인 장점이다.

[━] 사람들과 어울리는 것을 좋아하지 않으며, 고객의 성향에 잘 맞추지 못하며, 지나칠 정도로 융통성 없이 계산에 정확한 것이 사업적인 단점이다.

가정생활

[✚] 언제나 제자리를 지키며 가정에 충실한 것이 가장 장점이다.

[━] 돈 문제에 지나치게 빡빡하고, 너무 독단적으로 행동하려는 경향이 있으며 애정 표현을 잘 않는다. 그로 인해 종종 아예 결혼하지 못 하거나, 결혼생활을 위태롭게 하기도 한다.

목표 & 경계

[✛] 주변의 사람들과 좀 더 잘 어울리고 주변 환경에 잘 적응하도록 노력해야만 한다. 다른 사람에게 좀 더 많은 관심을 두도록 노력해야만 하며 또 자신의 관심을 남들에게 보여주도록 노력해야 한다.

[━] 냉담한 태도와 그러한 태도를 드러내 보이는 것을 피해야 한다. 또한 주변의 일에 대한 관심 부족 또한 피해야만 한다.

최대의 강점 & 최악의 약점

[✛] 독립성, 정직함, 검소함, 충직함 그리고 일단 시작한 일은 끝까지 마무리하는 능력이 최대의 강점이다.

[■] 완고함, 고집스러움, 느린 행동과 지나칠 정도의 조심스러움, 냉정함, 인색한 태도 등이 가장 큰 약점이다.

[사회생활에서 골격형에 대처하는 법]

사회생활에서 골격형을 만났을 때는, 그들이 하고 싶은 대로 내버려 두는 것 외에는 별달리 할 수 있는 일이 없다. 그리고 그가 당신을 좋아하기를 원한다면, 절대 간섭은 금물이다.

[사업에서 골격형을 다루는 법]

당신이 사업주라면 그에게 책임감을 부여해주고 그 나름의 방식으로 알아서 하도록 놔두어야 한다. 그리고 당신은 손을 떼라. 계속 어떤 조언을 하려 하거나, 일을 빨리 처리하도록 몰아쳐서는 안 된다. 그가 좋아하는 방식대로 체계를 갖추어 일하도록 해야 한다.

사업에서 그를 다른 방식으로 다루어야 할 때가 있다면, 언제나 믿고 신뢰하고 있다는 사실을 그가 알 수 있도록 하라.

기억해둘 것!

골격형의 가장 두드러진 특징은
신체에 비해 큰 골격, 두드러진 관절 마디
그리고 긴 얼굴이다.

다른 유형의 사람 중에도
이러한 외형이 있을 수도 있지만,
이러한 특징이 두드러진 사람은
대부분 골격형이다.

Chapter 5

머리가
두드러진 형

"생각하는 사람"

• The Cerebral Type •

신경계가 유난히 발달한 사람을
'두뇌형'이라고 부른다.
신경계는 뇌와 다양한 신경으로 구성되어 있다.
명상, 상상, 공상, 구상 등
모든 자발적인 정신 과정은 대뇌 혹은
뇌에서 발생한다.
뇌는 신경계의 사령부이다.

꿈꾸는 이방인

▼ ▲ ▼

우리 몸의 통신 시스템, 신경계

흉부 기관은 대동맥에서 모세혈관에 이르기까지 이리저리 뻗어 있는 지선을 갖추고 있는 거대한 운송 시스템으로 비유할 수 있다. 폐에서 공급되는 동력을 이용해 심장에서 출발하는 혈액을 몸의 구석구석까지 운반한다.

하지만 신경계는 복잡하게 얽히고설킨 통신 시스템과 흡사하다. 신경망은 신체 외곽의 모든 지점에서 듣고, 보고, 만지고, 맛보고, 냄새 맡은 모든 것들의 감각 메시지를 뇌의 중심부로 전달한다. 뇌는 오감으로부터 메시지를 전달받자마자 어떤 행동을 할지 결정하며, 결정한 내용을 다시 신경망을 통해 근육에 전달하여 어떤 행동을 하도록 명령을 내린다.

정신과 신체의 관계

냉철하고 논리적인 과학자 에디슨은 "우리 몸 안의 모든 세포는 생각을 한다."고 했다. 인간 분석학은 모든 인간 특유의 정신적 과정은 언제나 신체의 특성과 동일하게 이루어진다는 것을 보여주는 것으로 그의 말이 옳다는 것을 증명한다.

영양형의 정신은 그의 몸이 움직이는 방식과 똑같이 서두르지 않고 태평하게 작용한다. 가슴형의 정신은 몸과 마찬가지로 활기차고 풍부한 지략을 보여준다. 근육형의 정신은 몸처럼 격렬하게 작용한다. 반면에 골격형의 몸은 뼈처럼 잘 움직이지 않으려는 성향을 가진다.

작은 몸 큰 머리

앞서 언급했듯이 신체의 어떤 기관이나 계통이 두드러지게 발달해 있다면 그 자체의 특성을 밖으로 드러내게 된다. 그러므로 몸은 작지만 머리가 큰 두뇌형의 사람은 육체적 활동보다 정신적 활동을 더 많이 하며, 보다 더 성숙한 사고를 하게 된다. 이와는 반대로 영양형은 음식을 먹고 소화하는 것 외에는 특별한 활동을 하지 않았으며 가장 단순한 생각만

하던 인간 발달의 기초 단계의 특성을 갖추고 있다.

초기 단계의 인간은 정신적인 활동보다 육체적인 활동을 더 많이 했으며, 위는 크고 상대적으로 머리는 작았다. 그렇게 해서 오늘날 우리는 우리의 선조를 꼭 빼닮은 영양형을 보게 된 것이다. 그들은 상대적으로 위는 커다랗지만 머리는 작아서, 소화계가 그들의 생각과 행동 그리고 일생을 지배하고 있는 것이다. 두뇌형은 이들과 정반대의 특징을 보여준다. 몸에 비해 머리가 크며 소화계가 상대적으로 덜 발달했다.

자연은 효율성에서 매우 뛰어난 전문가다. 그래서 특정한 신체 기관이 기능하는 데 꼭 필요한 만큼의 공간만 제공하고, 여분의 공간은 꼭 그 공간을 필요로 하는 기관에만 제공한다.

따라서 전형적인 두뇌형은 몸에 비해 머리가 크고, 소화 기관과 가슴, 근육 그리고 골격은 평균보다 작거나 덜 발달해 있다.

두뇌형과 영양형의 결합

권력자와 자수성가한 백만장자 중에는 두뇌형과 영양형이 조합된 사람이 많다. 이런 사람들은 호사스러운 편안함을 추구하는 영양형과 그것들을 차지할 수 있도록 하기에 충분한 두뇌형이 결합한 유형이다.

자연은 전형적인 영양형에게 커다란 두개골은 주지 않았다. 상대적으로 작은 뇌를 저장하는 데 필요하지 않기 때문이다. 하지만 그 대신 그들이 원하는 커다란 위를 주려고 힘썼다. 반면에 두뇌형은 뇌가 크기 때문에 머리가 크다. 손가락 모양대로 장갑이 형태를 갖추듯이, 태어날 때 유연하고 미완성인 두개골은 뇌의 크기와 형태에 맞춰 자란다.

진화론적으로 보았을 때, 위와 두뇌 시스템은 서로 가장 멀리 떨어져 있다. 따라서 뇌와 위가 모두 큰 것은 매우 특이한 결합이다. 이 두 가지 상반되는 유형이 결합된 사람이라면 잘 차려진 푸짐한 식사를 양껏 먹는 것과 활발한 두뇌 활동을 위한 적은 양의 식사 사이에서 늘 선택의 고민에 빠지게 된다. 뇌와 위가 적절히 활동하기 위해서는 저마다 여분의 혈액이 더 많이 공급되어야 하기 때문에 두 기관이 동시에 최고의 효율성을 나타낼 수는 없다.

푸짐한 식사를 한 후에 소화를 위해 위가 바쁘다면, 뇌는 휴식을 취해야 한다. 이 사실은 많은 사람들이 가벼운 점심을 먹는 이유를 설명해준다. 육체노동자라면 푸짐한 식사를 하는 것이 당연하겠지만 정신노동자들은 점심을 과하게 먹으면 그 후 몇 시간 동안 머리가 멍하다는 것을 잘 알고 있다.

위가 비어야 뇌가 맑다

위가 비어 있으면 명석한 생각을 위해 필요한 만큼의 혈액을 뇌로 충분히 공급할 수 있다. 그러므로 생각을 명확하게 하기 위해서는 위가 비어 있어야 한다. 아주 빠른 속도로 충분한 양의 혈액이 뇌로 공급되지 않는다면 예리하고 집중력 있는 생각을 할 수 없다. 위가 비어 있을 때 중요한 일들이 머릿속에 잘 떠오르는 것도 이런 이유 때문이다. 소화를 위해 위장으로 에너지가 집중되고 있을 때는 이런 일이 절대 일어나지 않는다.

모든 대중 연설가들은 식사를 많이 하면 연설이 제대로 되지 않고 어눌해진다는 것을 알고 있다.

생각하기를 즐기는 머리

영양형이 소화 흡수 작용을 좋아하는 것과 마찬가지로 머리가 큰 두뇌형은 두뇌 활동을 좋아한다. 진화론적으로 보았을 때, 두뇌형의 위는 전형적인 영양형의 뇌처럼 발달의 초기 단계에 속한다.

자연은 신체에서 가장 잘 발달한 부분에 더 많은 혈액을 공급하기 때문에 뚱뚱한 사람들이 먹는 것을 좋아하는 것처럼 이들은 생각하기를 즐긴다.

종종 깜박하는 끼니

영양형은 절대로 식사 시간을 놓치지 않는다. 하지만 두뇌형은 몸을 위한 양분보다 뇌를 위한 양분에 더 관심이 많다. 그 때문에 식사를 거를 때가 있으며 음식에 크게 신경 쓰지 않는다. 식탁에 책과 과자가 놓여있다면 이들은 과자 대신 읽을 책을 집는다!

민감한 신경

감각기관의 민감성과 정신적인 능력은 비례한다. 두뇌형은 모든 유형 중에서 두뇌가 가장 발달해 있으므로 정신에 가해지는 모든 자극에 가장 민감하게 반응한다.

이들의 전반적인 신체가 그것을 말해준다. 두뇌형의 섬세한 외모는 다른 유형과 직접적인 차이를 보인다. 유별나게 큰 이들의 뇌는 복잡한 신경조직과 잘 연결되어 있다는 것을 보여준다. 신경은 뇌와 섬세하게 연결되어 있기 때문이다. 어떤 사람의 지적인 민감성은 그 사람의 몸과 머리의 크기를 상대적으로 살펴보면 정확하게 판단할 수 있다.

삼각형의 머리와 얼굴

이들의 얼굴과 머리를 앞에서 보면 대략 삼각형 모양이다.

만약 극단적인 두뇌형이라면 머리를 옆에서 보아도 삼각형처럼 보일 수 있는데, 짧은 목 위에 있는 그의 뒤통수는 길쭉하고 이마는 정수리까지 올라가 있다. 다른 유형과 비교하면 이들의 머리에서 가장 넓어 보이는 부분은 정수리 부분이다.

섬세한 손과 매끄러운 손가락

당신의 손이 가늘고 섬세하다면, 뇌가 큰 두뇌형의 요소를 더 많이 가지고 있다는 것을 나타낸다.

겉모양이 위아래로 곧게 뻗어 있는 매끄러운 손가락은 전형적인 두뇌형의 특징이다. 영양형의 손가락 관절은 아주 좁지만 골격형의 경우에는 그와는 정반대로 관절 부분이 넓고 그 사이는 움푹 들어간 것처럼 보인다. 가슴형의 경우에는 그들의 머리처럼 손가락 끝이 뾰족하며, 근육형은 손가락 끝이 각이 져 있다.

하지만 두뇌형의 손가락은 다른 유형과는 전혀 다른 모습이다. 통통하게 보일 만한 살도 없고, 단단하게 보일 만한 근육도 없다. 또한 손가락 관절도 두드러지게 보이지 않는다. 이들의 손가락은 거의 일직선으로 곧게 뻗어 있으며, 전반적으로 약하고 미적인 외형을 갖추고 있다.

생각을 위한 생각

생각하고 또 생각하는, 머리에서 진행되는 모든 정신적인 과정 즉 명상이 이 유형의 가장 중요한 특징이다.

영양형은 먹는 것, 가슴형은 느끼는 것, 근육형은 행동 그리고 골격형은 안정적인 것을 가장 중요하게 생각하는데, 두뇌형은 생각하는 것을 가장 좋아한다.

계획하고, 상상하고, 꿈꾸고, 구체화하는 것을 좋아하며, 많은 일에서 나타날 수 있는 다양한 가능성, 개연성 그리고 잠재성을 거듭해서 생각한다.

극단적으로 생각에 빠지는 경우에는 그 자신이 계획하고

있는 일의 실행 가능성도 무시하는 경향이 있다. 성과를 낼 수 없는 일에 줄곧 매달려 결국에는 무모한 일을 시도하는 경우도 있다.

이들은 생각하는 데에서 얻을 수 있는 즐거움만을 위해 온종일 끝없는 생각 속에 빠져 있을 수도 있다. 그 때문에 다른 사람의 비난과 조롱을 받는 경우가 많으며, 대부분의 경우 현실적으로 성공을 거두지 못하곤 한다.

하지만 이러한 사람들 덕분에 이 세상이 그나마 발전을 해왔다는 사실만은 잊어서는 안 된다. 이들은 멀리 내다볼 수 있으며, 아무도 상상하지 못한 일들을 미리 계획할 수 있다. 이들은 다른 어떤 유형보다 앞서 인류가 이루어온 모든 형태의 발전에서 혁신적인 역할을 담당해왔다.

꿈꾸는 이방인

"그동안 성취해낸 모든 일들은 그것을 꿈꾸었던 것에서 시작된 것이다."라는 말은 지극히 옳은 말이다. 하지만 우리는 그것을 실제 실현한 사람에게는 모든 찬사를 베풀면서, 그것을 꿈꾼 사람에 대해서는 몹시 냉담하게 대한다. 그래서 두뇌형 자신은 생각하는 것에서 커다란 성취감을 느끼지만,

현실에서는 생소한 사람 취급을 받는다.

오늘날의 세상은 실제로 어떤 일을 성취해내는 사람들이 지배한다. 일을 잘 마무리하고, 구체적인 상품을 만들어내고, 널리 보급하는 것이야말로 성공의 기준이라고 생각하기 때문이다.

마치 메마른 땅에 올라온 물고기처럼 두뇌형은 이러한 환경에서 멀찍이 벗어나 있다. 사실 이러한 사실은 스스로가 잘 알고 있으며, 또 알고 있다는 것을 드러내기도 한다. 다른 유형의 사람이 어떤 목표를 가지고 있는지 전혀 모르며, 그들 또한 이들의 관심사를 전혀 모른다. 그로 인해 괴짜라는 별명이 붙기도 한다.

어떤 일을 직접 실천하는 것은 이들의 몫이 아니다. 이들은 이 세상의 일을 직접 마무리하는 것보다 줄곧 생각해보는 것을 더 즐거워한다. 이들이 대개 실패하는 이유는 꿈꾸어온 것을 실현하기 위해 반드시 필요한 일조차도 실제로 실천하지는 않기 때문이다.

현실 구현은 남의 일인 공상가

일상생활에서 명확하고 구체적이며 꼭 필요한 요소까지

무시하는 성향 때문에 이들은 종종 공상가로 불린다.

예를 들어, 매우 독특한 구조물을 머릿속에 그리고 그것을 발명한다면 백만장자가 될 것이라고 자신 있게 말하지만, 그것을 어떻게 작동시킬 것인지, 운반할 수 있을 것인지 혹은 그것을 필요로 하는 곳이 있을지와 같은 기본적인 문제에 대해서는 생각하지 않는다.

이들은 종종 시대를 앞서가는 사람이라는 말도 듣는다. 하지만 앞으로 이 세상에 꼭 필요한 것들에 대해서는 잘 알고 있지만, 그것을 실질적으로 어떻게 구현할 것인가에 대해서는 거의 생각하지 않는다. 실제로 행하는 것은 무척 싫어하기 때문에 실천력이 있는 어떤 사람이 그의 구상을 시도해보지 않는다면 구체적으로 성취되는 경우가 거의 없다.

이해받지 못했던 천재들

주로 두뇌형의 사람이 인간의 정치적, 사회적, 개인적, 산업적, 종교적 그리고 경제적 진화의 모든 단계에 대해 뛰어난 예측을 해왔다. 이들은 그러한 진화 단계를 수십 년 혹은 수 세기 전에 미리 머릿속에 그리고 있다. 하지만 처음에는 늘 다른 사람의 조롱을 받아야만 했다. 이렇게 인정받지 못

몸에 비해 큰 삼각형의 머리

아무리 뛰어난 예측을 해도

당대에는 조롱받기 일쑤

배보다는 머리를 채우는 게 중요

계획하고, 상상하고, 꿈꾸는 몽상가

그러나 실제 행하는 건 남의 일

허약한 몸, 뒤뚱이는 걸음걸이

한 천재들에 대한 이야기는 많다.

• 모스의 느릅나무

워싱턴 D.C.에는 전신기를 발명한 새뮤얼 모스 덕분에 역사에 남게 된 커다란 느릅나무가 있다. 당대의 유력인사들은 그의 말을 귀담아들으려 하지 않았지만, 그는 자신만의 발명에 몰두했다. 날씨가 좋을 때는 나무 밑에 자리 잡고 앉아 지나가는 사람이나 그 앞에 멈춰서는 사람에게 자신의 발명에 대해 장황하게 설명했다. 그곳을 지나치던 사람들은 한결같이 "저 불쌍한 노인네가 또 혼자 중얼거리네." 하며 그냥 무심히 지나쳤다. 하지만 오늘날에는 '유명한 모스의 느릅나무'를 보기 위해 전국 방방곡곡에서 사람들이 몰려와 전신기를 발명한 그 위대한 인물에게 찬사를 보내고 있다.

• 랭글리의 멍청한 짓

오늘날 우리는 비행기를 타고 대륙을 넘나들고 있다. 배와 기차 그리고 자동차만 있던 때와는 비교할 수 없을 만큼 빠르게 이동할 수 있게 되었다.

한 사람이 만들어낸 기적으로 모든 국가의 상업과 공업 그리고 미래가 혁명적인 혜택을 누리고 있는 것이다. 하지만 불과 얼마 전만 해도 S. P. 랭글리는 세상의 모든 사람으로

부터 비웃음을 받고 있었다. 바보같이 '날아다니는 기계'를 발명하겠다는 '멍청한 짓'에 푹 빠져 있었기 때문이었다.

·벨의 말도 안되는 전화기

알렉산더 그레이엄 벨은 전화기를 발명했다. 하지만 발명을 위한 자금 지원을 받기 위해 부자들을 설득하기까지 긴 시간을 허비해야만 했다. 그들은 단 한 푼도 투자하려 하지 않았다. 심지어는 필라델피아에서 열린 미국 건국 100주년 기념 박람회에서 전화기가 완벽하게 작동한다는 것을 보여 주었음에도 불구하고 전화기의 발전 가능성은 거의 인정받지 못했다. 그래서 전화기를 시장에 내놓기 위해 필요한 자금을 지원해줄 사람을 아주 오랫동안 찾을 수 없었다.

·마르코니의 무선통신의 마법

그 후로 세상 사람들은 한때 경멸해 마지않던 전신과 전화기를 이용해 하루에 수백만 달러의 상거래를 하는 데 익숙해졌다. 하지만 마르코니가 '무선통신'을 소개했을 때 사람들은 다시 한 번 의혹을 제기했다. 사람들은 이렇게들 말했다. "그건 불가능한 일이야. 전화선도 없이 통화를 한다고? 절대 될 리가 없어!"

그러나 지금은 샌디에이고에서 상하이로, 바다 한복판에

서 덴버에 있는 연인에게 무선으로 인사를 전하고 있다.

• 베이컨의 연극

새로운 아이디어는 처음에는 언제나 외면받는다. 그것이 훌륭한 아이디어일수록 더 큰 어려움을 겪곤 한다.

미국에서 가장 성공을 거두었던 연극 〈번갯불Lightnin'〉은 전형적인 두뇌형의 사람인 프랭크 베이컨의 작품이었다. 뉴욕 게이어티 극장에서 3년 동안 매일 밤 공연되었으며, 수백만 명의 사람들을 행복하게 해주었고, 수백만 달러의 수익을 올렸다. 하지만 베이컨이 처음 뉴욕의 제작자들을 찾아갔을 때 제작자들은 시험 공연마저도 거절했었다.

이상적인 결합

실천할 수 있는 공상가이거나 꿈꾸는 것의 중요성을 알고 있는 실천가가 있다면 가장 이상적인 결합일 것이다. 생각과 행동이라는 문제에 있어 사실 거의 모든 사람들이 둘 중 어느 한 가지만을 지나치게 중시하거나 경시하는 성향이 있다.

대체로 세상 사람들은 생각 없이 행동하는 사람(이들은 종종 감옥에 가곤 한다)과 행동은 않고 생각만 하는 사람(이들은 종

전형적인 두뇌형은 지갑이 텅 비어 배가 고프다 해도 공원 벤치에 앉아 오만 가지 공상을 하는 것만으로도 충분히 만족할 수 있다. 마치 영양형이 두툼한 스테이크를 먹을 때와 같은 즐거움을 느끼는 것이다. 두말할 필요도 없이 두뇌형과 영양형에게는 서로가 그저 수수께끼일 뿐!

종 가난하게 산다)의 두 부류로 나뉜다. 성공하고 싶다면 먼저 꿈을 가져야 하고 그다음에는 실천이 따라야 한다. 계획을 세우고 그 결과를 얻어내고, 심사숙고한 다음 구체화하고, 냉철히 생각해 그것을 성취해내야 한다.

만약 생각하지 않고 행동만 한다면 영원히 남을 위해서만 일하며 자기 인생의 주인공이 될 수 없을 것이다. 행동하지 않고 생각만 한다면 인생은 진정성 없이 겉돌게 되어 결국 아무것도 이루지 못하게 될 것이다.

몽상가와 실천가들이 겪는 곤란

만약 무언가를 실제로 만들어내거나 실질적으로 구현하는 것보다 머릿속으로 상상하는 것만으로 만족한다면, 활기차게 돌아가는 이 세상에서는 결정적인 불이익을 겪으며 절대로 성공을 거두지는 못할 것이다.

반면에 자신만의 꿈은 꾸지 않고 다른 사람의 꿈을 위해 행동하는 것에만 만족한다면, 일자리는 항상 얻을 수 있겠지만 절대로 성공할 수는 없다. 그럭저럭 남들처럼 살기는 하겠지만 무엇을 위해 사는지에 대해서는 절대로 모를 것이다.

허약한 몸

전형적인 두뇌형은 앞서 살펴보았듯 근육이 발달하지 않았다. 그 때문에 몸을 움직여 일하는 것을 힘들어 한다. 이들의 몸에는 근육과 뼈, 지방이 거의 없다.

이들은 영양형처럼 소화 과정 때문에 행동이 둔해지는 것이 아니라 근육이 너무 부실해서 움직여야겠다는 의욕이 생기지 않는 것이다. 또한 심장과 폐도 작아서 활동을 위한 힘이 부족하다.

근육형이 가만히 앉아 있지 못하고 자리를 털고 일어나 무언가를 해야 직성이 풀리는 것과는 정반대로 두뇌형의 사람은 움직이지 않고 그저 가만히 앉아 있기를 원한다.

전형적인 두뇌형이 혼자 가스레인지를 옮기려 하는 것을 본 적이 있는가? 혹은 두뇌형에게 다락에서 트렁크를 꺼내 달라고 부탁해본 적이 있는가?

그렇다면 그 가스레인지나 트렁크가 마치 그에게 대드는

것처럼 보이는 장면이 떠오르지는 않는지? 혹은 다 큰 성인이 그 생명 없는 물건들에 진땀을 흘리며 농락당하는 것처럼 보여 웃음을 터뜨렸던 경험은 없는지?

최근에 전형적인 두뇌형의 어떤 친구는 내게 이렇게 말했다. "나는 평생 생명 없는 물건들과 싸우며 살았어. 가위와 칼, 포크와 망치를 사용할 때나 단추를 끼울 때마다 한바탕 씨름을 하곤 했지."

뒤뚱거리는 걸음걸이

키가 작아서 두뇌형은 걸을 때 종종걸음으로 걷는다. 근육이 발달해 있지 않아 힘차게 걷지 못한다. 그래서 이들의 걸음걸이는 불규칙하고 때로는 뒤뚱거리는 것처럼 보이기도 한다. 천천히 걸을 때는 표시가 잘 나지 않지만, 급히 걸으면 그 특유의 걸음걸이가 눈에 띈다.

불편한 앉은 자세

몸집이 크고 어깨가 벌어진 골격형이 불편해하는 의자는

두뇌형도 불편하다. 평균적인 몸매를 기준으로 만들어진 의자는 덩치 크고 골격이 발달한 사람에게는 작아서 불편하고, 두뇌형의 사람에게는 너무 커서 불편하다. 그래서 바닥에 닿지 못하는 두 다리는 흔들거리고, 팔걸이에 두 팔을 올리는 것도 불편하다.

지적인 친구를 좋아한다

매우 호감이 가는 사람일지라도 많은 친구를 사귀지 않으며, 친구가 많은 것을 바라지도 않는다. 너무 관념적인 성향이 강해서 웃고 즐기기 위한 모임에서 흥을 돋우는 역할은 못 한다.

두뇌형의 사람은 지적인 사람들을 좋아한다. 자신처럼 책을 좋아하거나, 생각을 많이 하는 사람 혹은 글 쓰는 사람을 가장 좋아한다. 이들에게 친구가 적은 이유 중 하나는 이러한 사람은 주변에서 흔치 않기 때문이다.

이 세상에서 벌어지고 있는 다양한 일들에 무관심한 사람을 싫어한다. 그런 사람들을 남몰래 경멸하며, 자신을 무시하는 사람은 자기도 완전히 무시해 버린다.

주목 당하는 것을 꺼린다

남녀를 불문하고 전형적인 두뇌형의 사람은 거의 모두 겸손하며 나서지 않는다. 때로 발명을 하거나 뛰어난 글솜씨를 선보이는 등 남다른 재주를 보이지만, 찬사받는 것을 부담스러워 한다.

주목을 받는 것보다 뒷전에서 조용히 머물기를 좋아한다. 그래서 이들은 자신보다 덜 똑똑하지만 적극적인 사람들에게 좋은 기회를 많이 빼앗긴다. 하지만 이런 사실을 두뇌형에게 이야기해도 아무런 소용이 없다. 여전히 이들은 뒤에 물러나 있는 것을 좋아하며, 사람들과 '함께 어울리는' 것은 꺼린다. 그래서 줄곧 기회를 잃곤 한다.

돈에는 무관심

가끔은 친구도 필요하고 가끔은 명성도 필요하다고 생각하지만, 돈에 대해서만큼은 그렇게 생각하지 않는다. 재정적인 문제에서는 금전적인 이익과 불이익을 중요하게 생각하는 골격형과는 정반대의 태도를 보인다.

이들은 자신의 재정 상태에 대해 거의 무관심하다. 거스

름돈을 챙기는 경우도 거의 없다. 가지고 있는 모든 돈을 책상 위에 아무렇게나 올려놓고 외출을 하기도 한다. 게다가 문도 잠그지 않은 채!

직장에서 월급 인상을 요구하는 경우도 거의 없고, 공상속에 빠져 있느라 노후 대책도 거의 세우지 않는다. 월급을 더 많이 받을 수 있는 다른 직장을 찾기보다 마음이 맞는 동료들이 있는 현재의 직장에서 계속 근무하기를 더 좋아한다.

자발적 가난

이 세상에서는 자신이 추구하는 것을 얻는 법이다. 그러므로 당연히 두뇌형은 대체로 가난하다. 돈을 벌기 위해서는 돈을 원해야만 한다. 돈을 벌기 위한 경쟁은 매우 치열하다. 간절히 원해서 효율적으로 일하는 사람만이 충분한 돈을 벌어들인다.

두뇌형의 사람은 돈에 거의 관심이 없으며 돈을 벌 기회도 무시한다. 어느 날 아침 극빈자 보호소에 앉아 있는 자신을 발견하기 전까지는 돈에 대해 진지하게 생각하지도 않는다. 또한, 그런 불행한 상황에서 빠져나오기 위한 노력도 거의 하지 않는다.

역사적으로 살펴보아도 전형적인 두뇌형 중에서 부자가 된 사람은 거의 찾아볼 수 없다. 뛰어난 인물 중에도 자신에게 주어진 과제를 위한 실천적인 방법이나 도구를 찾는 것보다는 오히려 자신만의 생각에 집중하는 경향이 많았다. 그래서 이들은 자신의 과제를 구체화하는 데 필요한 자금을 모을 때 심각할 정도의 어려움을 겪곤 한다. 라듐 공동 발견자로서, 가장 위대한 과학자로서, 전 세계적인 명성을 누렸던 퀴리 부인도 실험할 때 언제나 커다란 난관에 부딪히곤 했다. 연구에 필요한 값비싼 재료를 구입하는 데 필요한 재원을 마련하지 못해서였다.

어떻든 아무 상관 없는 옷차림

두뇌형에게 옷은 거의 관심의 대상이 되지 못한다. 앞서 살펴보았듯이 다른 유형의 사람들은 저마다 선호하는 옷이 있지만, 전형적인 두뇌형은 그저 "아무거나 다 괜찮아."라고 말할 뿐이다. 그래서 우리는 코트는 코트대로, 바지는 바지대로 색상이 제각각인 데다 모자나 장갑, 넥타이 따위는 착용하지도 않고 다니는 두뇌형의 사람을 종종 보게 되는 것이다.

난 누구? 여긴 어디?

어떤 일을 하고는 있지만 멍한 상태에 있는 사람에게 우리는 '딴 데 정신이 팔렸다'고 한다. 다른 유형에 비해 집중력이 뛰어난 이들은 이런 상태에 종종 빠져들곤 한다. 또한 이들은 일상생활에서 전혀 관심 없는 일을 억지로 하게 되는 경우가 많아서 자연스럽게 자신이 관심 있어 하는 일로 생각이 빠져들게 된다.

우리가 잘 알고 있는 두뇌형의 어느 교수는 가끔 침실용 슬리퍼를 끌고 하버드 대학의 강의실에 나타나곤 했다. 가슴형이었다면 절대로 이런 '실수'를 하지 않았을 것이다.

말하기보다는 글쓰기

가끔 주변에서 말은 어눌한데, 글은 매우 잘 쓰는 사람을 볼 수 있다. 이런 사람은 대개 두뇌형이다.

이들은 주변에서 벌어진 어떤 일을 세상에 알리기 전에 다양한 각도로 충분히 생각한다. 그런 후에 정확한 문장으로 정리하는 것을 좋아한다. 아주 친한 사람 외에는 거의 대화를 나누지 않는 이들은 남모르게 아주 많은 글을 작성한다.

일기를 쓰거나, 메모를 남기거나, 장문의 편지를 쓰거나, 이들은 언제나 무언가를 글로 남긴다. 아무에게도 공개하지 않아 잊혀 있던 이들의 글 속에서 세상을 놀라게 할 탁월한 생각들이 발견되는 경우도 종종 있다. 당시 글을 작성할 때 정작 자신은 그다지 중요한 것이 아니라고 생각했거나, 세상에 알리는 것보다 쓰는 자체를 즐겼기 때문일 것이다.

주로 어디에 있을까

어느 도시에서든 도서관의 열람실을 찾아가 보면 다른 어떤 유형보다 두뇌형의 사람이 훨씬 더 많이 자리를 차지하고 있다는 것을 알 수 있다.

사실, 극단적인 유형이 아닌 이상 이 책에서 설명하고 있는 인간형을 구분해내기는 쉽지 않다. 일반적으로 인간은 이런저런 유형이 혼합되어 있기 때문이다. 하지만 인간 분석학에서 제시하는 적절한 장소를 찾아가 보면 거의 예외 없이 그 장소에 해당하는 전형적인 인간 유형들을 만나볼 수 있다.

전형적인 영양형을 찾고 싶다면, 풍성한 식단으로 유명한 음식점을 찾으면 된다. 가슴형은 시끌벅적한 춤과 노래가 펼쳐지는 공연장의 배우나 관객 중에서 찾아볼 수 있다. 권투나 격투기 경기장을 찾아가 보면 주변에 온통 근육형들로 북적이고 있을 것이다. 골격형은 회계사, 은행가, 발명가와 같은 전문가들의 모임에서 쉽게 찾을 수 있다. 물론 다양한 장소에서 모든 유형이 뒤섞여 있겠지만, 분명한 것은 위에서 언급한 장소에는 그곳에 어울리는 유형들이 훨씬 더 많이 있다는 것이다.

하지만 전형적인 사색가인 이 두뇌형을 찾아보려면 반드시 도서관의 열람실에 가야만 한다. 도서관에서도 특별히 열람실이라고 언급한 것은 소설이나 신문, 잡지를 찾아 읽는 사람들은 전형적인 두뇌형이라고 할 수 없기 때문이다.

책이라면 다 좋아

언젠가 두뇌형인 친구가 이런 말을 했다. "읽고 싶지 않은 책이 없었어." 이 말은 두뇌형의 사람은 하나같이 인쇄물에 관심이 많다는 것을 드러내 보여준다. "도서관을 보면 그곳에 있는 모든 책을 다 읽을 때까지 그곳에서 머물고 싶다는 생각을 해."

두뇌형의 사람이 어릴 적부터 '책벌레'라고 불리게 되는 것은 그다지 놀라운 일이 아니다. 어린 시절부터 책 읽는 것

이단 성향의 종교

함께 어울리기를 꺼린다

재정 상태에 거의 무관심

어느 날 아침 극빈자 보호소에 앉아 있을 수도

나를 찾으려면 도서관 열람실로 오도록!

우당탕탕! 서툰 행동들

또 정신이 딴 데 가 있군!

을 좋아하고 다른 일들에 대해서는 그다지 관심을 두지 않는다. 사람은 좋아하는 것부터 빨리 배우기 때문에 이들은 얼마 지나지 않아 성인들을 위한 책까지 거침없이 읽는다. 보통 어머니들은 "애는 왜 다른 아이들처럼 뛰어놀지 않는 거지?"라며 한숨을 내쉬고, 아버지는 "남자라면 야구팀에 들어가야지!"라며 잔소리를 하지만, 정작 '그 소년'은 책에만 정신을 쏟고 있다.

그 소년은 마음만 내킨다면 거의 모든 주제에 관해 이야기할 수 있다. 다른 남자아이들이 운동장과 여자아이들에만 관심을 쏟고 있을 때 이들은 이 세상에서 벌어지고 있는 모든 일들에 관심을 가지며 또 대단히 잘 알고 있다.

조숙한 애늙은이

열 살짜리 '애늙은이'가 있다면, 당연히 두뇌형 어린이다. 영양형은 언제나 어린 아기와 같으며 제아무리 오래 살아도 완전한 어른이 되는 법이 없다. 하지만 이들은 타고난 노인이라 할 수 있다. 유년기 때부터 다른 아이들에 비해 더 성숙한 모습을 보여준다.

비록 어른이 되었을 때는 그 성향 때문에 종종 큰 대가를 치르기도 하지만, 어린 시절에는 공부를 좋아하고 온순한 태도로 칭찬을 많이 받는다. 이들이 선생님들의 사랑을 한몸에 받는 학생이 되는 건 놀라운 일이 아니다. 언제나 선생님의 수업에 잘 따르고, 아무런 말썽도 부리지 않기 때문에 고단한 선생님들에게 보람을 느끼게 해준다.

시간 감각이 둔하다

전형적인 두뇌형은 때때로 시간 감각이 둔하다. 시간이 흐르는 것에 대해 거의 의식하지 않는다. 근육형과 골격형은 대부분 시간 감각이 꽤 정확하지만, 전형적인 두뇌형은 그렇지 않다. 어떤 일에 빠져 있으면 시간을 잊는 것이 이 유형의 유명한 특성이다.

예전에 창밖으로 서점과 제과점이 보이는 디트로이트의 아파트에 사는 새신부를 알고 있었다. 어느 날 그녀는 남편에게 빵을 사달라는 부탁을 했는데 몇 시간이 지나도 남편이 오지 않았다고 한다. 한참 지나서야 빵은 사지도 않고 돌아온 남편의 옆구리에는 책 한 권이 끼어 있었고, 시간은 얼마나 흘렀는지조차 모르고 있었다고 한다. 그 남편은 전형적인 두뇌형의 사람이었다!

정치적 개혁가

이들은 어떤 형태라도 개인적인 다툼을 싫어하기 때문에 근육형처럼 달려나가 싸운다거나 골격형처럼 명분을 위해 목숨을 바치는 등의 개혁을 위한 투쟁에 참여하지는 않는다.

하지만 거의 모든 두뇌형은 한두 가지의 극단적인 개혁에 대한 믿음을 품고 있다. 이들은 비교적 침묵을 지키는 편이지만, 소속된 동호회나 개혁 단체의 믿을 만한 구성원의 역할을 수행한다. 그런 조직 내에서 주목받는 사람은 아닐 수도 있지만 그런 것에는 거의 신경 쓰지 않는다. 만약 자신이 속한 단체에서 기부금을 모집한다면 비록 집에서는 끼니를 거르는 한이 있더라도 흔쾌하게 돈을 낼 준비가 되어 있다.

이들은 일반적으로 이 세상에 개혁이 필요하다는 것을 충분히 잘 알고 있으며, 개혁에 도움이 되고 싶다는 생각을 할 만큼 양심적이다. 전통이나 관습에 얽매이지 않고 자기 자신만의 독특한 생각을 많이 한다. 이 유형의 선견지명과 충실함이 없었다면 이 세상의 개혁 운동들은 대부분 시작조차 못했거나 제대로 끝내지도 못했을 것이다.

다른 유형의 사람들은 태어난 환경에 따라 저마다의 종교를 따른다. 하지만 두뇌형 사람은 이단 성향의 종교를 따르는 비율이 높다.

사회적 통념에 순종하지 않는 선구자

두뇌형의 사람에게, 사회적으로 굳어져 있는 통념들의 정당성을 주장하면서 혹시 다른 의견이 있는지를 물어본다면 그는 대놓고 반박하거나 논쟁하지는 않을 것이다. 그는 평화를 사랑하는 사람이기 때문이다. 하지만 마음속으로는 구태의연한 당신의 생각을 비웃고 있을 것이다.

이들은 이 세상의 새로운 생각들을 이끈다. 영양형은 이 세상을 관리하고, 가슴형은 세상을 즐겁게 하며, 근육형은 건설하고, 골격형은 세상에 반대한다. 그리고 세상은 두뇌형의 최종적인 분석에 따라 더 살기 좋은 곳이 된다.

그러나 이러한 두뇌형의 사상가들은 시대의 고통을 겪는다. 이들은 두 귀를 막고 들으려 하지 않는 사람들을 설득하며, 종종 가난 때문에 죽기도 한다. 하지만 결국 후대의 사람들은 이들의 생각을 받아들이며, 과거의 오래된 관습을 버리고 두뇌형이 개척한 길을 따르게 된다. 그러므로 살아 있는 동안에는 전혀 알려지지 않았던 위대한 사상가들이 사후에 명성을 얻곤 한다. 종종 그렇듯이 '명성이야말로 무덤에 바쳐지는 양식'이다.

주변의 환경에 무관심

"그 사람의 주변 환경을 보여준다면, 그가 어떤 사람인지 말해주겠소."라고 말했던 사람이야말로 현명한 사람이다.

두뇌형의 사람은 집에 사는 것이 아니라 머릿속에 살고 있기 때문에 사는 곳을 꾸미거나, 넓히거나 심지어 가구를 들여놓아야겠다는 생각을 하지 않는다. 이들이 살고 있는 방 안으로 들어가면 두 가지 사실 때문에 깜짝 놀라게 된다. 우선 여느 다른 친구들의 방과는 달리 방에 물건이 거의 없다는 것과 엄청나게 많은 정기간행물 때문이다.

영양형의 방에는 편안한 쿠션과 소파 그리고 먹을거리가 있을 것이고, 가슴형의 방에는 화려하고 특이한 물건들이, 근육형의 방에는 튼튼하고 소박한 물건들이, 그리고 골격형의 방에는 많지 않은 물건이지만 모두 잘 정리되어 있을 것이다. 하지만 전형적인 두뇌형의 방에서는 짝이 맞는 것 하나 없이 이리저리 어지럽게 놓인 가구뿐이다. 혹시 가구가 배치되어 있다고 한다면 말이다. 게다가 모든 물건 위에는 신문과 잡지, 책과 오려낸 자료들이 겹겹이 쌓여 있을 것이다.

단명하는 사람이 많다

'곧은 나무가 먼저 찍힌다.'는 속담은 진실일 수도 있고 아닐 수도 있다. 하지만 극단적인 두뇌형이 종종 이른 나이에 죽는다는 것은 분명한 사실이다.

그 이유는 명확하다. 장수를 위해 제일 필요한 조건은 효율적이며 잘 관리된 소화 흡수 기관이다. 하지만 전형적인 두뇌형은 효율적인 기관을 타고나지 못했다. 더 나아가 불규칙한 식사와 건강에 좋은 음식을 사 먹을 수 없을 정도의 빈곤함과 먹는 것 자체를 아예 잊고 지내는 습성으로 영양 섭취를 소홀히 하는 성향이 있다.

사사롭지 않다

두뇌형은 모든 유형 중 가장 공평무사한 유형의 사람들이다. 이들은 모든 일에 개인적인 감정을 개입시키지 않는다. 영양형은 모든 일을 판단할 때 개인적으로 자신에게 도움이 될 것인지를 따져보지만, 이들은 자신을 개입시키지 않고 생각하는 성향이다. 또한 자신의 이해관계와 상관 없이 본분을 지킨다.

부족한 호전성

이들은 무엇이든 잘 다듬어지지 않고 원시적인 상태인 것은 좋아하지 않는다. 소화능력이나 성욕 그리고 호전성 등의 본능이 많이 발달해 있지 않기 때문이다. 그래서 이들은 조화로운 것을 좋아하며 결투를 피하며 평화를 지키기 위해 자신만의 길을 벗어나지 않는다. 이들은 어떤 생명체든 죽이거나 해치는 것을 싫어한다.

가장 똑똑한 사기꾼

이들은 대부분 선천적으로 도덕적인 인물이다. 하지만 나쁜 교육이나 그 외의 원인으로 도덕관념이 부족하게 되면 돈벌이를 하기 위해 범죄를 저지르곤 한다. 몸이 약해서 힘든 노동은 하기 어렵지만 머리가 뛰어나기 때문에 노동을 하지 않고도 생계를 꾸릴 방법과 수단을 생각해낼 수 있다.

어떤 유형이든 서투른 범죄를 저지를 수 있지만, 오랫동안 들키지 않는 가장 똑똑한 사기꾼들은 언제나 두뇌형의 요소를 많이 갖춘 사람들이다.

직업

세상에는 두 가지 종류의 노동, 즉 정신노동과 육체노동이 있다. 만약 두 가지 노동에서 모두 뛰어난 능력을 보여준다면, 평생 훌륭한 인생을 살아갈 수 있지만 두 가지 다 제대로 하지 못한다면 늘 남에게 의존하며 살아가야 할 것이다.

육체적으로 약한 두뇌형은 육체노동에 적합하지 않으므로, 교육을 제대로 받지 못한다면 모든 사회 부적응자 중에서도 가장 곤란한 처지에 빠지고 말 것이다. 이도 저도 아닌 어중간한 상태에서 지적 능력이 거의 필요하지 않은 사무직으로 일하며 불안정한 생활을 하게 될 가능성이 크다.

좋아하는 것들

음악 '고상한' 음악은 주로 식자층의 교양 있는 두뇌형 사람들에 의해 오랫동안 명성을 유지해 왔다. 그랜드 오페라를 즐기려면 다른 유형의 사람은 따로 노력을 기울여야 하지만 두뇌형의 사람은 자연스럽게 즐긴다. 훌륭한 연주회의 가장 좋은 객석을 살펴보면 두뇌형이 많다는 것을 알 수 있다.

공연 이들은 진지한 드라마와 교육적인 내용의 강연을 좋아한다. 시끌벅적한 무대공연이나 익살극에는 관심이 없다. 만약 영양형이 가장 좋아할 법한 공연장에 어쩌다 가게 되었다면, 이들은 당장 매표소로 가서 환불을 요청할 것이다.

영화 이들은 영양형 사람들만큼이나 극장을 자주 찾지만, 그 이유는 다르다. 이들은 다른 유형이 즐기는 대부분의 여가 활동에도 아무런 관심이 없다. 그래서 극장은 거의 유일한 오락거리라고 할 수 있다. 영화는 종종 주머니 사정이 허락하는 유일한 오락거리이기도 하지만, 매우 다양한 주제를 다루고 있기 때문이기도 하다. 전형적인 두뇌형은 영화가 다루는 거의 모든 주제에 어느 정도의 관심이 있다.

그런데 영화 관람하는 것을 살펴보면, 뚱뚱한 사람과 머리가 큰 사람은 웃음을 터트리는 장면이 다르다는 것을 알 수 있다. 뚱뚱한 사람은 파이를 던지거나 귀여운 요부가 등장하는 장면에서 반응을 보이지만, 두뇌형은 그런 장면에서는 꿈쩍도 하지 않을 것이다. 마찬가지로 두뇌형을 즐겁게 해주는 난해한 장면들은 영양형에게 아무런 감흥도 주지 못한다.

스포츠 뚱뚱한 사람과 머리가 큰 사람도 공통적인 특성이 한 가지 있다. 둘 다 격렬한 운동은 좋아하지 않는다는 점이다. 영양형은 제 발로 서 있는 것도 힘들 만큼 몸이 무겁기 때문이지만, 두뇌형은 머리가 너무 무겁기 때문이다. 이들은 가뜩이나 부족한 신체 에너지를 정신적인 활동을 하는 데 모두 소모하기 때문에 격렬한 육체 활동을 위한 에너지는 전혀 남아 있지 않다.

게임 사고를 요구하는 체스나 바둑같이 조용히 진행되는 두뇌 게임을 좋아한다.

신체적 특징

[✚] 육체적인 능력이 부족하므로 이들에게는 확실한 신체적 장점이 있다고 말할 수는 없다. 하지만 생명을 연장하는 데 도움이 되는 결정적인 두 가지 성향이 있는데, 그것은 음식을 적게 먹는 것과 유흥에 빠져들지 않는다는 것이다.

전문가들은 "과식과 유흥, 이 두 가지 중에서 과식으로 사망하는 사람들이 더 많다."고 밝힌다. 음식을 적게 먹는 것은 매우 적절한 대비책이기는 하지만 그럼에도 이들은 너무 적게 먹는 것이 문제다. 소화 흡수 기관이 발달하지 못한 이들은 위를 가득 채우거나 중요한 인체 기관을 혹사할 만한 욕구가 없다. 인간적인 욕망에 관심을 두지 않는 고도로 진화한 유형이기 때문에 술이나 여자 혹은 자극적인 것에 빠져들지 않는다.

[━] 모든 종류의 신경성 질환에 잘 걸린다. 이들의 신경계는 지극히 예민하다. 그래서 고성능 자동차가 평범한 트럭

보다 더 쉽게 부서지는 것처럼, 다른 유형들보다 더 쉽게 그리고 더 완벽하게 건강을 해치게 된다.

사회적 태도

[✚] 타인의 권리에 대한 뚜렷한 의식이 있으며 타고난 겸손함과 세련된 태도가 주요한 사회적 장점들이다.

[➖] 자기표현에 서투르고 지나치게 신중하며, 너무 관념적인 이야기를 즐겨 하는 것이 단점이다. 키가 작고 머뭇거리는 듯한 태도 때문에 신뢰감을 주지 못해 때로는 사회생활에서 무시 당하는 원인이 된다.

감정

[✚] 공감 능력이 있으며, 관대하고 자기희생적인 태도가 장점이다.

[➖] 신경이 예민해 쉽게 흥분하는 경향이 있으며 균형감각이 부족하다는 것이 주된 단점이다.

사업

[+] 딱히 사업적인 장점이라고 할 만한 특징이 없다. 사업 자체를 싫어하고, 사업하는 데 필요한 기준들을 거부하기 때문에 상행위를 하는 어떤 분야에서도 뿌리를 내리지 못한다.

[−] 현실적인 문제들에 제대로 대처하지 못하며, 뜬구름을 잡는 듯한 태도, 그리고 전반적으로 비현실적인 생각으로 사업에는 잘 적응하지 못한다.

가정생활

[+] 상냥하고 배려할 줄 아는 태도 그리고 이상주의적인 생각 등이 주된 장점이다.

[−] 가족을 제대로 부양하지 못한다. 생활에 꼭 필요한 만큼의 돈도 벌지 못하며, 그마저 실현 불가능한 계획에 돈을 다 써버리는 성향으로 인해 가정생활을 엉망으로 만드는 경우가 많다. 2달러짜리 일을 하고 1달러밖에 벌지 못하는 이들의 무능력이 이 유형의 아내 혹은 어머니들에게는 심각한 고민이다.

목표 & 경계

[✚] 몸 관리를 잘해서 건강한 상태를 유지해야 하며, 현실에서 필요한 것들에 대해 생각을 하도록 노력해야 한다.

[━] 생각이 얕고 무식한 사람들은 피해야만 한다. 또한 현실 세계에서 멀어지게 만들 수 있는 사행성 투기와 같은 상황도 피해야만 한다.

최대의 강점 & 최악의 약점

[✚] 사고하는 능력, 진보적이며 욕심이 없는 태도 그리고 높은 교양 수준이 최대의 강점이다.

[━] 비현실적인 환상 속에 잘 빠져들며 몸이 허약하다는 것 그리고 실천하지 않을 계획을 마련하는 성향이 성공을 가로막는 나쁜 특성들이다.

[사회생활에서 두뇌형에 대처하는 법]

이들이 사회생활에서 주목받는 사람이 되는 것을 기대해

서는 안 된다. 많은 사람과 잘 어울리는 것도 기대하면 안 된다. 마음이 맞는 소수의 사람이 있을 때에만 함께할 것을 권해야 하고, 도서관 주변을 배회하고 있을 때는 혼자 있도록 배려해주어야 한다.

[사업에서 두뇌형을 다루는 법]

심한 육체노동이 필요하거나 정신노동보다 육체노동을 더 많이 해야 하는 곳에서는 이들을 고용하면 안 된다. 머리를 활용하는 직책이 아니라면 아예 아무 일도 맡기지 않는 것이 좋다.

만약 상거래에서 두뇌형과 상대해야 하는 경우라면, 이들의 비현실적인 태도에서 이득을 챙기려는 유혹에서 벗어나야 한다. 그리고 마치 돈이면 다 된다고 생각하는 것처럼 보이지 않도록 주의하라.

기억해둘 것!

두뇌형의 가장 뚜렷한 특징은
이마가 두드러지게 보이고
몸에 비해 머리가 크다는 점이다.

다른 유형의 사람 중에도
이러한 외형이 있을 수도 있지만,
이러한 특징이 두드러진 사람은
대부분 두뇌형이다.

Chapter 6

유형별
이상형 vs 원수

사랑과 결혼

• Types that Should Marry •

"브라운 부부가 이혼한다니 참 안타깝군.
오랫동안 지켜봤지만 둘 다 아주 좋은 사람들이었는데
함께 살기는 어려웠던 모양이야."

주변에서 흔히 들을 수 있는 이야기다.

이 말을 한 사람은 자신이 알고 있는 것보다
더 진실에 가깝게 다가서 있는 것이다.

전반적으로 부부가 되기 전의 개별적인 남자와 여자는
모두 좋은 사람들이기 때문이다.

▼ ▲ ▼

상대를 잘못 골랐다

부부가 되기 전의 개별적인 남자와 여자는 모두 좋은 사람들이다. 개별적으로는 모두 좋은 사람들이지만, 단지 상대를 잘못 만나서 결혼한 것일 뿐이다. 이혼한 두 사람이 각각 다른 상대를 만나서는 행복하게 사는 것 역시 주변에서 흔히 볼 수 있는 일이기 때문이다.

앞서 언급했듯이 인간의 행복은 오직 '알맞은 환경에서, 자신의 신체가 감당할 수 있는 일을 할 때' 얻을 수 있다. 결혼이야말로 두 사람이 이러한 목적을 얻기 위해 개인적으로, 또 둘이 함께 그리고 동시에 시도하는 것이다.

결혼하지 않고 행복을 얻기란 거의 불가능하다. 그렇다면 결혼을 했는데도 불행하다는 사람들이 이처럼 많은 것은 왜일까? 그 이유는 배우자가 생기면 극복해야 할 어려움은 두 배로 늘어나는데, 받을 수 있는 도움은 반으로 줄기 때문이다.

결혼이란 단순한 짝짓기가 아니다

'둘이 사는 것이 혼자 사는 것보다 더 못할 수도 있다'는
말은 사실이 아니다. 이 말은 짝이 없이 혼자인 사람이 더 완
벽한 행복을 느낄 수도 있다는 것이 아니라, 서로 올바른 짝
을 만나야만 한다는 의미이다. 이러한 문제에 대해 생각해본
사람이라면 잘못된 상대와 결혼하는 것보다는 독신으로 사
는 것이 천 배는 더 낫다는 것도 부정하지는 못한다.

통계가 말해주는 비밀

이혼의 원인에 대한 조사를 통해 아주 깜짝 놀랄 만한 사
실들이 밝혀졌다. 이러한 사실은 인간 분석학에서 제시한 내
용들을 다시 한 번 증명해주는 것들이었다.
가장 눈에 띄는 사실 중 하나는 바로, 각자가 좋아하는 일
을 할 때 천성적으로 자연스럽게 서로에게 도움이 되는 사람
들이 같이 행복해질 수 있다는 것이었다.

타고난 성향이 하고 싶어 하는 일도 결정하는 법이다. 타고난 성향은 인생에 있어 행해야 하는 기본적인 활동은 물론 그것을 처리하는 방식 또한 결정한다. 앞에서 살펴보았듯이 타고난 성향은 우리의 몸에 명확히 각인되어 있다.

어떤 사람의 유형을 알게 되면 그 사람이 좋아하는 일이 무엇인지 그리고 그 일을 어떻게 처리할 것인지를 알 수 있다. 또한 그가 원하는 일을 자신이 원하는 방식으로 처리하지 못하는 상황에 놓인다면, 불행해지고 실패한다는 것도 알고 있다.

결국 본모습으로 돌아온다

이와 같은 생물학적 성향은 모든 사람에게 깊이 새겨져 있기 때문에 자신이 싫어하는 일을 오랫동안 하면서 행복해 할 수는 없다. 단지 열정이 솟구치는 처음의 일정 기간에만 상대를 위해 자신이 좋아하는 것을 희생할 수 있다. 그러나 어느 정도의 시간이 흐르게 되면 그 열정은 시들어버리고 만다. 그 열정이 처음 찾아올 때가 있는 것과 마찬가지로 그 열정이 사라지는 것도 자연스러운 일이다. 그 후에는 각각의 유형이 가졌던 본래의 성향과 열망이 돌아온다.

이처럼 자기 유형의 특성이 다시 강하게 드러나기 시작하면서 서서히 어쩔 수 없이 과거의 성향으로 되돌아가 자신이 좋아하는 방식으로 자신이 좋아하는 일을 찾게 된다. 그로 인해 이들의 결혼생활은 마침내 시험대에 오르게 되는 것이다. 두 사람 사이의 거리가 너무나 멀다면 그 간극을 채울 수 없을 것이며, 상대방을 배제한 채 각자 자신만의 내면세계에서 살아가게 된다.

그런 장벽을 뛰어넘기 위해 이런저런 시도를 해볼 것이며, 아주 짧은 시간이겠지만 가끔은 성공하는 경우도 있다. 두 사람 사이의 공백을 메우기 위해 대화도 시도할 것이다. 하지만 그 횟수는 점점 더 줄어들고 마침내 각자의 세계로 물러서게 된다. 각자 자신만의 특성에 따라 살게 되면서, 마치 전혀 다른 별에서 살고 있는 사람들처럼 완벽하게 떨어져 살게 된다.

가장 기본적인 욕구

'그렇다면 내게 맞는 사람을 어떻게 알 수 있을까?' 최근에 이루어진 과학적인 조사 결과를 잘 살펴보면, 어떤 유형의 사람들과 서로 도우며, 행복하고 조화롭게 살 수 있는지 혹은 절대 그럴 수 없는지를 알 수 있다.

사람들은 누구나 자신에게 맞는 일과 올바른 짝을 찾는 것이 의무라고 생각한다. 이것은 모든 인간의 기본적인 욕구이기 때문이다. 자신에게 어울리는 일과 짝이 없다면 인생은 실패로 끝나게 된다. 둘 중 한 가지만 갖게 되면 인생의 반은 실패한 것이다. 사람들은 누구나 이처럼 중요한 두 가지 필수 조건을 갖추기 위한 최대한의 지식을 얻고 적용하도록 노력해야만 한다.

이 두 가지는 행복한 삶을 유지하는 데 가장 중요한 문제이며, 살면서 겪게 될 영광과 좌절, 기쁨과 슬픔이 이 두 가지 문제에 달려 있다. 하지만 그럼에도 가장 경시되고 있는 것들이기도 하다.

이혼 법정

이혼 법정에는 훌륭한 남녀들로 가득하다. 악하거나 잘못을 저질렀기 때문에 그곳에 온 것이 아니라 타고난 본능의 덫에 걸려들었기 때문이다. 무지와 맹목으로 너무나 커다란 대가를 치르고 있는 이들을 비난할 수는 없다. 그들 대부분은 법적으로 함께 결합하는 것이 결혼생활의 행복을 충분히 보장한다고 배우며 자랐다.

하지만 우리는 경험을 통해 서로 조화롭게 살아갈 수 있는 특정한 유형의 사람들도 있지만 함께 살면 결코 행복해질 수 없는 유형의 사람들도 있다는 것을 잘 알고 있다.

시간이 변화를 가져올 것이다

그런데 이제는 단순히 감정만이 아니라 과학을 활용해 배우자를 선택할 수 있는 시대가 다가오고 있다. 또한 어떤 아이의 겉모습만 보고도 앞으로 어떤 일을 하고 살면 좋을지도 알 수 있을 것이다. 범죄자를 쫓을 때는 셰퍼드가 적격이고, 양 떼를 몰 때는 보더콜리가 적격임을 아는 것보다 더 확실히 알게 될 것이다.

오늘날 우리는 삶에 대한 위대한 탐구의 중요성과 분별성을 흐리게 하거나, 어울리지 않는 결혼을 부추기는 실수를 범하기도 한다. 하지만 언젠가는 일생의 직장과 일생의 배우자를 현명하게 선택할 수 있는 지식으로 우리의 아이들을 무장시킬 수 있을 것이다.

그녀의 보조개와 그의 살인 미소

그녀 메리의 양 뺨에 있는 귀여운 보조개가 마음을 흔들 수는 있지만, 결혼을 위한 충분한 이유는 될 수 없다. 비록 지금 당장 눈에 보이지는 않겠지만, 그것보다 훨씬 더 중요한 일들이 있다.

비록 새미가 신들이 질투할 만큼이나 멋진 미소를 지을 수 있다 해도, 메리에게 그는 어울리는 신랑감이 아닐 수도 있다. 제아무리 흠잡을 데가 없는 아름다운 미소라 할지라도 '죽음이 우리를 갈라놓을 때까지'라고 서약하기에는 충분한 근거가 될 수 없는 것이다.

사소한 일 vs 중대한 일

이혼 이야기를 듣게 되면 우리는 그 두 사람이 근본적인 문제에서 의견이 일치하지 않았을 것이라고 생각한다. 사회적, 종교적, 정치적 혹은 경제적인 중요한 문제들에서 그들의 의견이나 태도가 너무 달라 이혼하는 것이라고 짐작하는 것이다. 일단 결혼을 했다면 '사소한 일들'은 각자 알아서 해결하면 되지만, 이처럼 '중요한 일들'에 대한 의견 차이는 두 사람이 헤어지는 이유가 될 것으로 생각하는 경향이 있다.

하지만 이혼에 관한 기록을 살펴보면 실제로는 이와는 정반대의 일들이 일어나고 있다. 다양한 기록에 따르면, 이혼의 원인이 우리가 일반적으로 인생에서 중요한 일이라고 생각하는 문제가 아니라 언제나 사소하다고 생각하는 일들 때문이라는 것을 알 수 있다.

그는 왜 변하지 않는 것일까?

우리는 남편이나 아내가 자신의 종교를 바꾸거나 상대의 종교를 받아들일 것이라고 생각하지 않는다. 어느 정도는 그들의 내면에 깊게 각인되어 있는 것이어서 변할 수 없다고 생각한다. 하지만 아내를 위해 남편이 좋아하는 운동이나 취미생활 그리고 일정한 습관을 포기하는 것은 거의 당연한 일처럼 쉽게 생각한다.

다시 말하자면, 대부분의 사람은 부모나 선생님, 성직자나 친구와 같은 외부적인 요인에 의해 종교적인 가르침을 배우게 된다. 특히 특정한 국가나 종파 혹은 특정한 공동체에서 자신의 의지와 관계없이 태어났기 때문에 특정 종교를 갖게 되는 것이다.

반면에 특정한 오락을 좋아하는 것은 타고난 성향으로, 죽을 때까지 간직하게 된다. 따라서 케이크의 내용물을 바꾸는 것보다 장식을 바꾸는 것이 더 쉬운 것처럼 한 사람의 활동 습관을 바꾸는 것보다 종교를 바꾸는 것이 더 쉬운 일이다.

취미와 이혼

대부분의 합법적인 이혼은 이른바 근본적인 문제가 아닌 사소한 문제에 대한 차이를 인정해 받아들여졌다. 그리고 이혼 사유의 약 70%가 취미와 관련된 문제들로 인한 것이었다. 달리 말하자면, 법원은 부부가 여가시간을 어떻게 보낼 것인가에 대한 의견 차이가 있다는 이유로 이혼을 인정하고 있는 것이다.

유명한 저술가인 엘버트 허버드는 "함께 놀 수 없는 사람이라면, 오래 함께 일할 수도 없다."고 했다. 자유롭게 행동할 수 있을 때, 각각의 유형이 특정한 방식으로 특정한 일을 자연스럽게 하는 경향이 있다는 것을 보여주는 인간 분석학은 이 말이 지극히 옳다는 것을 증명한다.

우리가 자유롭게 행동할 수 있는 유일한 시간은 바로 여가시간이다. 그 밖의 시간은 생계를 꾸려나가는 데 거의 매달려 있다. 생계유지를 위해 우리는 종종 타고난 성향을 감추거나 억누르고 있어야 한다. 그래서 사람들은 대부분 '근무 시간 이후'와 '주말'에 자신의 타고난 본성을 마음껏 표출할 수 있는 기회를 가진다.

평소에 자신이 좋아하는 일을 할 시간이 거의 없는 사람이라면 여가 시간이 생기면 반드시 그것을 하려고 한다. 만약 이런 사람에게 시간이 생겼을 때 좋아하는 일을 마음껏 하라고 권하는 배우자가 있다면 그들의 결혼생활은 행복하게 유지될 가능성이 크다. 그 부부는 비록 종교적인 성향에서 아주 큰 차이를 보이더라도 오랫동안 함께 행복을 누릴 수 있을 것이다.

반면에 그 부부가 종교적, 사회적 그리고 정치적 견해는 완벽하게 일치하더라도 여가 시간을 즐기는 방식에 대해서는 의견이 아주 다르다면 결혼생활이 순탄할 수 없다.

신혼의 달콤한 시간이 지나고 나면 두 사람은 이제 자신의 본성에 맞는 오락을 즐기고 싶어질 것이다. 만약 배우자가 자신이 좋아하는 오락을 싫어한다면 각자 자신만의 길로 들어서게 될 것이다.

삼각관계

인간 분석학을 잘 이해하고 있는 사람에게는, '다른 남자'와 '다른 여자'로 인해 발생하는 비극이 전혀 생뚱맞은 일이 아니다. 이런 비극은 언제나 비슷한 기준과 취향 즉, 마음이 맞는 사람을 찾는 과정에서 발생하는 것이다. 살아가는 동안 삼각관계에 대한 이야기를 끊임없이 듣게 되는 것은 우연한 일이 전혀 아니다. 확고한 법칙을 거스른 필연적인 결과일 뿐이다.

결혼 만족도의 법칙

두 사람에게 첫 번째로 나타나는 인간형의 특성이 같은 취미를 즐길 수 있을 만큼 충분히 비슷할 경우에만 결혼해야 한다. 하지만 두 번째로 나타나는 인간형의 요소는 각각의 강점이 상대방의 약점을 상쇄할 수 있도록 충분히 달라야만 한다. 이제부터 앞에서 살펴본 다섯 가지 유형에 이 법칙을 적용해 살펴보기로 한다.

[유형별로 살펴보는 사랑과 결혼]

각각의 인간형은 살아가는 동안 마주치게 되는 모든 상황에 서로 다르게 반응하는 것처럼, 사랑에 대해서도 저마다 다르게 반응한다.

▶ 영양형

앞서 살펴보았듯이, 영양형은 다른 인간형에 비해 성숙하지 못하다. 영양형은 '인류의 아기'라고 불린다. 몹시 뚱뚱한 사람은 완전히 성장할 수 없기 때문이다. 그래서 이 유형의 사람은 사랑의 표현에 서투르다.

• 넘치는 애정

사랑에 빠졌을 때, 이 유형의 남녀는 격렬하게 열정을 드러내는 대신 아이들처럼 어루만지고, 쓰다듬고, 껴안는 등의 애정 표현을 한다.

되는 대로 행동한다고 할 만큼 그다지 조심하지 않는 경향이 있어서 종종 본의와는 다르게 희롱을 즐긴다는 오해를 받기도 한다.

그러므로 뚱뚱한 사람이 가볍게 접촉하는 것은 심각하게 받아들이지 않는 것이 좋다. 그것은 호의를 표현하는 것으로, 천진난만한 미소를 지으며 어디에서나 사람을 만지는 아기 같은 습성일 뿐이다.

• 다정다감

각각의 유형마다 다른 사람들의 사랑을 얻게 하는 특유의 장점을 가지고 있다. 영양형의 경우에는 다정다감한 성격이다.

인간은 누구나 자신에게 반대하지 않는 사람을 좋아하는 기본 성향을 지니고 있다. 영양형은 유순하고, 붙임성이 있으며, 상냥하다. 언제나 미소를 지을 준비가 되어 있으며, 사이좋게 잘 지내려는 성향과 다정다감한 행동으로 인해 사랑을 얻고 또 지속해서 유지하게 된다.

• 백만장자의 결혼 상대

"성공한 사업가인 그가 왜 저렇게 키도 작고 뚱뚱하고 머리까지 나쁜 여자랑 결혼하는 걸까요?" 이런 이야기는 흔히 들을 수 있다. 인간 분석학은 인간의 엉뚱한 행동에 대한 오래된 궁금증과 마찬가지로 이 문제에 대해서도 해답을 제시할 수 있다.

작고 뚱뚱한 여성은 인간의 마음을 다독여주는 상냥한 기질을 가지고 있다. 사업가는 온종일 '똑똑한' 사람들을 상대한다. 집으로 돌아오면 그는 단지 '지친 사업가'일 뿐이며, 그런 상태에서는 미소 짓는 아내보다 더 마음에 드는 사람은 없다.

뚱뚱한 남편의 경우는 다른 어떤 유형의 사람보다 자신의 아내를 떠받들어 준다.

· 제일 귀엽고 예쁘다

여자가 약혼을 하면 친구들은 모두 "그 사람은 무슨 일을 해?"라고 묻지만, 남자의 경우에는 하나같이 "예뻐?"라고 묻는다. 이처럼 남자들이 외모를 가장 먼저 따지는 것은 그다지 놀랄 만한 일은 아니며, 영양형의 여성은 모든 유형의 여자 중 제일 예쁘다. 세상에서 가장 부자인 남자 중에서도 아주 많은 이들이 영양형의 여성과 결혼하게 된 이유를 연구하고 있다면 사소해 보이는 이 이유를 무시해서는 안 된다. 다른 남자들이라면 평범한 아내에 만족할 수도 있지만, 부자들은 고를 수도 있고 선택할 수도 있다. 또한 남자들은 모두 평범한 아내보다 예쁜 아내를 더 좋아한다.

아름답다기보다는 귀엽고 예쁘다고 할 수 있는 여성은 장미꽃 봉오리 같은 입, 아기 같은 눈동자, 귀엽고 자그마한 코, 둥근 뺨과 보조개 등 거의 대부분 영양형의 특징들을 가지고 있다.

• 여성스럽다

낙천적인 성격의 통통한 여성은 주름살이 잘 생기지 않으며, 지나치게 살이 찌지 않는 한 매력적인 모습을 유지할 수 있다. '착착 감기는' 그녀의 태도는 남자들로부터 '여성스럽다'는 말을 듣게 한다. 몸무게가 상당히 나가는 경우일지라도 "어머니처럼 다정해 보여요."라는 말을 듣는다.

그래서 통통한 여성은 다른 어떤 유형보다 남성에게서 더 많은 사랑을 받으며, 나이가 들어서도 모든 사람이 좋아하는 차분하고 가정적인 편안함을 보여준다.

• 가장 먼저 결혼한다

결혼 적령기가 되면 영양형의 여성이 다른 어떤 유형의 여성보다 빨리 결혼을 한다. 과부가 되어도 더 젊고 똑똑한 여성들보다 이들이 더 쉽게 배우자를 찾는다.

주변을 살펴보면, 예쁘고 통통한 처녀들이 멋진 남자친구도 가장 먼저 사귀고 결혼하며, 만약 사별하고 자녀와 남겨지게 되더라도 과부 생활을 오래는 하지 않는다는 것을 알 수 있다.

• 영양형 아내의 매력

이 유형의 여자가 부부로서 함께 사는 데 가장 큰 장점이 되는 특성은 다정다감한 기질이라는 것 외에도 침착하고 낙천적인 성격 그리고 요리를 잘한다는 장점이 있다.

결점이 있다면 이들의 너무 느긋한 습관들 때문에 남편의 사랑을 잃게 되는 경우가 있다는 것이다. 적절하게 관리하지 않으면 이러한 영양형의 습성으로 인해 외모 관리나 살림살이를 소홀히 하게 된다.

• 영양형 아내와 돈

영양형의 아내들은 남편의 지갑에서 돈을 빼낼 수 있는 사랑스러운 방법들을 잘 알고 있다. 그래서 일반적으로 '딴 주머니'를 차고 있는 경우가 많다.

모든 분야의 영업사원들은 이렇게 말한다. "통통한 여성 고객이라면 환영이죠. 대개 자유롭게 쓸 수 있는 돈도 있고 설득하기도 쉽거든요."

• 부부싸움 후

말다툼 후의 행동에 따라 그 부부의 결혼생활이 좌우되곤 한다. 영양형의 부부는 다른 유형의 사람들보다 더 빨리 갈등을 묻어버리고 더 이상의 논쟁은 피한다.

• 상대의 계획을 순순히 받아들인다

영양형의 아내는 남편이 세운 계획에 굳이 반대하지 않는다. 그래서 남편이 갑자기 다른 곳으로 이사를 하자고 해도 다른 유형의 아내들보다 순순히 받아들인다.

• 가족 모두의 친구

가족 공통의 새로운 친분이 생긴다면 부부는 서로 동등하게 그 관계에 대한 책임을 함께해야 한다. 일반적으로 사회생활이 더 활발한 남편의 친구들이 더 많이 생기게 된다.

영양형의 아내는 늘 친구들을 식사에 초대해 어울리는 것을 좋아하며 영양형 남편은 친구들을 집으로 데려오는 것을 좋아한다. 영양형 부부의 가정에서 느낄 수 있는 따뜻한 환대와 대접으로 다른 유형의 부부보다 더 많은 친분 관계를 맺게 된다.

• 영양형 남자 또한 일찍 결혼한다

통통한 남자도 여자와 마찬가지로 일찍 결혼하지만 그 이유는 좀 다르다. 통통한 남자는 대개 일찍 직장을 갖게 되며, 그때부터는 스스로 문제를 해결하고 남에게 부탁하는 경우가 거의 없다. 다른 유형들보다 더 빨리 더 많은 돈을 벌기 때문에 더 빨리 결혼할 조건을 갖춘다.

• 뚱뚱한 독신은 없다

살이 찐 '독신녀'가 드문 것처럼 뚱뚱한 독신남 역시 드물다. 주변의 뚱뚱한 남자들 중에서 독신으로 사는 사람은 손꼽힐 정도이다.

• 최고의 가장

다양한 형태의 뛰어난 사업 수완으로 비교적 돈을 쉽게 벌기 때문에 전형적인 영양형의 남자는 부자이며 가족을 위해 쓰는 것을 좋아한다. 모든 인간형 중에서도 최고의 가장이다. 이들은 가장 관대한 부모이며 일반적으로 심하다 싶을 정도로 자녀들에게 잘 대해준다.

오랫동안 집으로 제철 과일을 배달시키는 남편이 있다면 그는 분명 영양형 사람일 것이다.

가족을 넉넉하게 부양하고, 근본이 '가정적인 사람'이라는 사실이야말로 이 유형의 남편이 가진 바람직한 두 가지 특성이다. 다른 유형에 비해 가정에 더 많은 신경을 쓴다. 일찍 결혼해 가정을 꾸리며 웬만해서는 가정에서 멀리 떨어지지 않는다.

뚱뚱한 영양형은 누구보다 잘 '돌아다니는' 유형이다. 그럼에도 집을 떠나 있을 때 불편함을 느낀다는 점은 안타까운 일이다. 그렇다고 그가 묵묵히 침묵하는 것은 아니다. 그래서 우리는 출장을 다니는 영업사원이 얼마나 힘든지, 또 '아내와 자식과 맛있는 집밥'을 얼마나 그리워하고 있는지 저절로 알게 된다.

• 영양형 남편의 약점

행복한 결혼생활을 위태롭게 만드는 영양형 남편의 딱 한 가지 단점이 있다면, 너무 편안한 것을 좋아하고 돈을 함부로 써서 재산을 모으지 못한다는 점이다.

• 영양형에 어울리는 배우자

유순한 성품을 지닌 이들은 다른 어떤 유형의 사람과 결혼해도 행복하게 살 수 있다. 하지만 전형적인 영양형이 완벽한 행복을 누리기 위해 선택할 첫 번째 유형은 전형적인 근육형이 가장 좋다. 근육형은 '두루두루 세상 사람들과 잘 지내려는' 영양형의 성향을 공유하고 있으며, 동시에 지나치게 느슨하고 부주의한 영양형의 성격을 상쇄해줄 실용적인 태도를 갖추고 있다.

두 번째로 어울리는 유형은 전형적인 가슴형이다. 이 두 유형은 공통점이 많다. 가슴형의 명석함과 속도는 영양형의 '명예를 유지하려고 애쓰는' 성향을 지켜주며 영양형의 가장 큰 결점인 적당히 넘어가려는 성향을 막아주기도 한다.

세 번째로 어울리는 유형은 자신과 같은 영양형이다. 하지만 이 경우에는 영양형과 근육형 혹은 영양형과 두뇌형이 결합한 유형의 사람이어야 한다.

전형적인 영양형이 배우자 선택에서 제일 마지막에 두어야 할 상대는 전형적인 두뇌형이다.

▶ 가슴형

사랑에 빠진 가슴형은 다른 모든 인간 관계에서 특징적으로 나타나는 것과 동일한 특성들을 보여준다.

• 가장 아름다운 여자

가슴형의 여성은 모든 유형의 여성 중에서 가장 아름답다. 영양형과 달리 '예쁜' 것이 아니라 세련된 외모와 아름다운 혈색으로 눈에 띌 만큼 '아름답다.'

• 가장 잘 생긴 남자

모든 인간형의 남자 중 가장 잘 생긴 남자들은 가슴형이다. 키가 크고, 가슴이 탄탄하며, 어깨가 넓다. 또한 우뚝하게 솟아오른 콧등과 높은 광대뼈로 인해 남자다운 얼굴을 하고 있다.

• 매력적인 기질

일반적으로 '매력적'이라고 부르는 특징을 다른 유형들에 비해 훨씬 많이 가지고 있다. 매력이란 대개 세련된 방식으로 자신을 표현하는 것이다. 이 유형은 가장 자기표현을 잘하며 가장 세련된 태도를 갖추고 있기 때문에 자연스럽게 이런 소중한 특성이 있다.

남녀를 불문하고 가슴형은 남들에게 바로 깊은 인상을 심어주는 개성적인 매력이 있다. 처음 보는 사람에게도 다른 유형들이 오래 사귀어온 친구에게 심어온 것보다 더 강렬한 인상을 심어준다. 처음 만나는 경우일지라도 전혀 낯선 사람처럼 보이지 않는다. 처음 만났어도 그가 보여주는 특유의 자신감이 경계심을 없애 주기 때문이다.

이들에게는 특별히 말로 표현할 수 없는 '뭔가 다른 구석'이 있다. 다른 유형에게는 없는 그만의 자연스럽고도 즉각적인 반응 능력이 그것이다. 그래서 영양형이 좀 더 부드럽고 편하고 안락한 방식으로 늘 호감을 얻는다면, 이들은 오히려 관심을 집중시키고 꼼짝 못 하게 해 마음을 사로잡는다.

• 첫눈에 빠지는 사랑

이들은 처음 보자마자 사랑에 빠지는 경우가 많다. 또한 다른 사람으로 하여금 아무런 준비도 없이 자신과 사랑에 빠지게 만들기도 한다. 거의 거부할 수 없을 정도의 열정으로 사랑의 대상에게 달려들기 때문이다.

만난 지 얼마 되지도 않았는데 결혼했다면 거의 대부분 둘 중 한 명은 분명 가슴형일 것이며, 보통은 둘 다 가슴형일 경우가 많다. 다른 유형의 사람은 그처럼 짧은 만남에서 사랑에 푹 빠지는 경우는 없다.

• 타고난 바람둥이

타인에게 해를 끼칠 의도는 없지만, '사랑의 불장난'은 이들의 제2의 천성이다. 살면서 겪게 되는 여러 인간적인 경험 중에서도 이 '불장난'만큼 그들이 원하는 모험적이고 스릴 넘치는 요소를 가지고 있는 것은 없기 때문이다.

얼마 전, 지하철에서 앞자리에 앉아 있던 젊은 두 여성의 대화를 우연히 듣게 된 적이 있다. 가슴형으로 보이는 여성이 이렇게 말했다. "그에게 상처를 준 게 마음에 걸려. 지난주엔 정말 그를 사랑했고, 또 그렇게 말하기도 했어. 하지만 이제는 더 이상 그를 사랑하지 않아. 지금은 다른 사람을 사랑하게 되었어." 그녀는 진심으로 그를 사랑했던 것이다. 바로 지난주에!

가슴형은 열렬한 사랑에 빠져들었다가도 마치 홍역에서 회복되듯 단 한 주 만에라도 즉시 빠져나올 수 있다.

• 자유로운 표현

가슴형은 거의 모든 일에서 삶의 기쁨을 표현한다. 얼핏 괴짜처럼 보일 수도 있다. 하지만 매우 매력적인 특성으로 가슴형은 평생 다른 사람들에게 이런 삶의 기쁨을 자유롭게 표현하며 산다.

• 쉽게 얼굴이 빨개진다

순환계가 과도할 정도로 발달한 가슴형은 쉽게 얼굴이 빨개진다. 여자들은 이런 특성을 오랫동안 잘 활용해 왔지만, 남자의 경우에는 그다지 반갑지 않은 특성이다.

• 가장 쉽게 상처 받는다

지나칠 정도로 예민한 가슴형은 다른 어떤 유형들보다 쉽게 마음의 상처를 입는다. 늘 얼굴색이 좋은 친구나 애인이 있는 사람들이라면 잘 알고 있을 것이다.

이들은 빨리 용서하고 깨끗이 잊어버리지만, 사랑하는 사람이 말하거나, 바라보거나, 행동하는 모든 사소한 것들을 자신만의 기준으로 해석한다. 이들과는 정반대의 특성을 지닌 골격형의 사람은 특히 이러한 특성을 이해하지도 참아내지도 못 한다. 골격형이 이들에게 '지나치게 민감하다'고 하면, 가슴형은 '지나치게 둔감하다'고 대꾸한다. 각자의 입장에서 보면 둘 다 옳은 말이다.

• 예의 바른 남자

예리한 직관력, 합리적인 판단력 그리고 즉각적인 해결능력을 갖춘 이들은 세심하고 예의 바른 친구가 될 수 있다.

예의를 갖추어야 할 때를 종종 망각하는 골격형과는 달리 가슴형은 친구가 원하는 것과 하고 싶은 일을 미리 잘 파악하고 있다. 연인이 손수건을 떨어뜨릴라치면 재빨리 잡아주고, 자동차 문도 얼른 먼저 열어주는 등 여심을 사로잡는 일에 능숙하다.

그러나 가슴형의 남자는 연인과 데이트를 하며 바로 옆에 있는 모르는 여성에게도 그와 똑같이 매너 있는 행동을 하기도 한다. 그래서 영양형이 습관적으로 어루만지는 행동을 해서 오해받는 것처럼 이들 역시 매번 자신의 행동을 해명해야 하는 곤경에 처하기도 한다.

• 약속 불이행

이들은 의도하지 않은 약속 파기로 곤란한 일들을 많이 겪는다. 빠르게 생각하고 그 생각만큼이나 빠르게 자기 생각을 말로 내뱉기 때문이다. 지금 당장이라면 다가가 말을 걸고 싶은 마음도 생기지 않을 여성에게 충동적으로 청혼하는 바람에 '비싼 대가를 치러야' 한다는 것을 다음 날 아침이 되어서야 뼈저리게 느낀다.

가슴형 여자들 역시 '사랑에 푹 빠져' 결혼을 약속했지만, 다음 날 아침이면 그 결정을 자신도 믿지 못하는 때가 많다.

가슴형 여성의 카멜레온처럼 변화무쌍한 변덕과 달콤한 변수는 많은 단편소설의 주된 소재로 활용되며, 마치 '여성의 전형'인 것처럼 묘사되기도 한다.

• 많은 관심을 받는다

그럼에도 불구하고 많은 남성이 다른 유형의 차분하고 수수한 여성보다 '시시때때로 변하는' 이 유형의 여성들을 더 좋아한다. 그래서 가슴형 여성들은 언제나 많은 관심을 끌어모은다. 뚱뚱한 여성들과는 달리 친구가 많지 않은데, 우정의 첫 번째 조건이라 할 편안함을 주지 않기 때문이다. 하지만 댄스 파티장에 가면 그녀에게 줄 선물을 들고 줄지어 서 있는 남자들을 볼 수 있다.

• 멋지고도 멋지다

가슴형 여성이 남자들의 이목을 집중시키는 또 다른 이유
는 가장 멋지게 옷을 차려입기 때문이다. 가장 최신 유행의
옷은 당연히 이들이 입고 나타난다. 그녀는 남자들이 '기절
할 만큼' 근사하다고 여기는 유형이다.

남자들은 다른 남자가 멋있다고 우러러보는 여성을 더 좋
아한다. 대부분의 여자도 마찬가지여서, 가슴형끼리 결혼을
하는 경우가 많다.

• 명랑한 과부

이른바 '명랑한 과부'라고 불리는 화려하고 멋지게 사는
과부가 있다면 대부분 가슴형의 특성이 있는 여성일 것이다.

집 안에 틀어박혀 있는 것을 좋아하는 영양형과는 달리 가
슴형의 여성은 과부가 되어 혼자 사는 것도 즐길 줄 아는 유
형이다. 일반적으로 재혼할 기회도 많지만 변덕스럽고 즐겁
게 살고 싶어 하는 본성 때문에 자유롭고 세련된 과부 생활
을 마음껏 즐기며 산다.

활동적이고, 열정적인 성격으로 인해 나이를 가늠할 수
없을 정도로 언제나 젊은 외모를 유지한다. 쉰 살의 나이에
스물다섯 살 젊은이의 마음을 빼앗은 여성이 있다면 대개는
가슴형이다.

• 나이듦을 거부한다

영양형이 성인이 되기를 거부하는 것처럼 가슴형은 늙는 것을 거부한다. 자신의 아름다움을 가꾸는 데 무척 공을 들이는 이들은 날씬한 몸매 유지를 위해 기꺼이 굶기도 하고, 하루에도 몇 시간씩 마사지와 운동을 하며 콜드크림을 바른다. 그녀만의 아름다운 혈색은 이런 노력의 확실한 결과이다.

또한 가슴형의 여성은 60대의 나이가 되어서도 20대의 영양형 여성이 하는 만큼이나 몸단장에 많은 신경을 쓴다. 어느 날 길에서 같은 40대의 가슴형과 영양형 여성이 함께 걸어가는 것을 본다면, 분명 통통한 여성이 혈색 좋은 여성보다 몇 년은 더 나이 들어 보일 것이다.

• 화려한 것을 좋아한다

영양형이 음식이 잘 차려진 재미있는 곳을 좋아하는 것처럼 가슴형은 휘황찬란한 화려한 장소를 좋아한다. 이들이 좋은 시간을 보냈다고 생각하는 장소는 보통 '상류 사회'의 느낌이 있는 곳이다.

이것은 모두 긴장감이나 새로운 것을 좋아하는 성향에서 비롯된 순수한 태도이다. 하지만 이러한 태도는 적절한 유형의 사람과 결혼을 했음에도 불구하고 때로 오해를 불러일으켜 가정을 깨뜨리기도 한다.

예를 들어 골격형은 가슴형에게 나타나는 강한 흥분에 대한 욕구를 전혀 이해하지 못한다. 좋은 아내이자 어머니였지만 행복한 결혼생활을 스스로 깨뜨리고 나온 여성이 있다면, 대부분 돌처럼 차가운 골격형의 남편이 이끄는 단조로운 생활을 견딜 수 없었기 때문일 것이다. 대부분의 경우 이런 아내가 원한 것은 약간의 즐거움뿐이었을 것이다. 그러니 비난을 받아 마땅한 것은 고집스러운 그녀의 배우자일 것이다.

• 그녀는 왜 미쳐버렸을까?

몇 년 전에 우리는 이제 막 비극이 시작되고 있는 몬태나의 외딴 농장을 찾아간 적이 있었다. 그 집안의 어머니가 정신이상으로 병원에 이송되는 중이었다. 그 장면을 지켜보던 일곱 명의 자녀는 그 상황을 전혀 이해할 수 없었다. 키가 크고 골격이 두드러진 그 집의 아버지 역시 자녀들과 마찬가지로 거의 넋이 나가 있었다.

"미쳤다고요? 믿을 수가 없어요! 어떻게 제 아내가 미칠 수 있는 거죠? 그녀를 자극할 만한 것은 전혀 없었어요. 제 아내는 20년 동안 이 농장 밖으로 나간 적도 한 번도 없단 말입니다."

• 흥청망청 노는 것을 좋아하는 남편

골격이 두드러진 엄격한 아내와 혈색 좋고 흥청망청하기를 좋아하는 남편 사이에서는 매일 똑같은 일이 벌어진다. 아내의 친구들은 "그녀는 완벽한 주부이자 훌륭한 아내거든요. 그런데 그 남편은 왜 저녁만 되면 집 밖으로 나가 시간을 보낼까요?"라며 의아해 한다. 가슴형의 남자가 원하는 것은 완벽한 주부, 훌륭한 아내가 아니라는 것을 제대로 이해하기 전까지 이런 질문은 계속될 것이다. 때때로 설거지할 것들을 싱크대에 내버려 두고 남편과 함께 밖으로 나가 마음껏 떠들고 즐길 수 있는 아내라면 그녀의 혈색 좋은 남편의 사랑을 오랫동안 받을 것이다. 좋아하는 잡지를 내버려 두고 기꺼이 아내와 함께 외출하는 남편이라면 가슴형 아내가 좋아하는 유형의 남자가 될 수 있다. 심지어 그녀는 지루하기만 한 무뚝뚝한 남편보다 차라리 '흥청망청 노는' 남편을 더 좋아할 것이다.

• 남편을 질투하게 만든다

가슴형 남자는 외모가 뛰어나고 애교가 철철 넘치는 아내를 원한다. 하지만 자신의 아내가 다른 남자들에게도 주체할 수 없을 정도로 매혹적으로 보이기를 원하는 남편은 없다. 그래서 가슴형 아내가 남편의 질투를 불러일으키는 경우가 종종 발생하곤 한다.

그녀의 생기발랄한 행동과 매력적인 옷차림은 사람들의 시선을 끌기에 충분하다. 만약 남편이 너무나 다른 유형의 사람이어서 그녀의 자연스럽고도 순수한 마음을 이해하지 못한다면 그는 종종 가슴앓이를 해야 할 것이다. 가끔은 이런 상황 때문에 그녀의 마음까지 심란해지기도 한다.

인간 분석학은 우리가 서로에 대해 좀 더 잘 용납할 수 있도록 해준다. 상대방이 왜 그런 행동을 하는지 알 수 있게 해주기 때문이다. 그리고 무엇보다 그런 행동이 악의가 아닌 선의에서 비롯된 것임을 알 수 있게 해준다.

• 단조로운 생활을 싫어한다

앞서 설명했듯이 가슴형은 지루한 것, 똑같이 반복되는 모든 것을 싫어한다.

일 년 365일 내내 하루 세 끼 식사를 똑같은 식탁에 앉아 똑같은 사람과 먹는다는 것은 더할 나위 없이 지루한 일이다. 완벽함과 일관성을 가진 사람을 사랑할 수도 있지만, 때로는 기분전환을 해야 할 필요가 있는 것이다.

한때 〈아내가 시골로 가버렸네My Wife's Gone to the Country〉라는 제목의 노래가 엄청난 반응을 불러 모았던 것은 그것이 무엇을 의미하는지 충분히 이해하는 혈색 좋은 남자들이 아주 많았기 때문일 것이다.

가슴형의 아내는 누구 못지않게 충실하게 제 역할을 하지만 만약 남편이 먼 곳으로 출장을 떠나게 되면 안도의 한숨을 내쉬고 친구들을 불러 모아 파티를 즐길 것이다.

• 함께 살기 쉽지 않다

영양형과는 달리 가슴형 남편과 아내는 함께 살기가 그리 쉽지 않다. 그들은 지나치게 민감해서 갑작스러운 기분의 변화에 잘 대처하지 못한다. 감정의 기복이 너무 심해 조화로운 가정생활에 필수적인 안정감을 잃어버리곤 한다.

가슴형의 충동적인 성향은 연인을 사랑스럽게 만들기도 하지만 아내의 성향으로서는 그다지 매력적인 것이 아니다. 금세 격해지는 가슴형 남편의 성미 역시 그다지 바람직하지는 않다.

• 매력적인 특성

모든 유형 중에서도 가장 호감이 가는 태도와 가장 멋진 옷차림 그리고 가장 유쾌하게 생활한다는 것이 가슴형 남편과 아내가 가진 매력적인 특성이다.

• 분수에 넘치는 생활

가슴형의 결혼생활은 분수에 넘치는 생활 때문에 종종 어려움에 빠지기도 한다. 이런 어려운 상황에 빠져도 가슴형의 남편은 자신의 재정 상태를 솔직하게 털어놓지 않으며, 가장 멋지게 외모를 가꾸려는 부인은 주머니 사정에 맞추어 지출을 줄이지 못한다.

언제나 가장 화려하게 즐기며 살려고 하는 습관 또한 이들 가정에 심각한 타격을 주기도 한다. 또한 특별한 도시의 특별한 이웃이 있는 곳으로 자주 이사를 하고 싶어 하는 이들의 욕구가 또 다른 어려움을 겪게 한다.

• 가슴형에 어울리는 배우자

앞서 설명한 이유들 때문에 전형적인 가슴형은 자신과 똑같은 유형의 사람과 결혼하는 것이 가장 좋다. 다른 유형은 이들의 충동적인 성향을 이해하지 못한다.

두 번째로 선택한다면 영양형의 성향이 지배적인 사람이다. 이들은 다른 유형들보다 가슴형과 닮은 점이 더 많고, 의견 차이가 생겼을 때도 더 아량을 베풀기 때문이다.

세 번째로는 근육형의 성향이 지배적인 사람을 선택하는 것이 좋다. 하지만 반드시 가슴형이나 영양형의 성향이 결합한 근육형이어야만 한다.

거의 정반대라고 할 수 있을 만큼 너무나 달라서 서로를
전혀 이해할 수 없는 골격형과는 아예 결혼할 생각조차 않는
것이 좋다.

▶ 근육형

근육형은 영양형처럼 일찍 결혼하지도 않고, 가슴형처럼
즉흥적으로 결혼하지도 않는다. 실용적인 성품을 타고났으
므로 다른 모든 일과 마찬가지로 사랑과 결혼도 실용성을 중
시한다.

• 적절한 시기라고 생각할 때 결혼한다

영양형인 친구가 결혼하고, 가슴형 친구는 이미 이혼을
경험할 무렵이 되어도 근육형은 여전히 미혼인 상태로 남아
있다. 하지만 골격형과 두뇌형 친구들이 여전히 혼자 살고
있는 서른다섯 살 무렵이 될 때까지 미혼으로 남아 있는 경
우는 없다.

근육형은 아무것도 가진 것이 없는 상태에서는 결혼하지
않는다. 이들은 비만형이나 가슴형처럼 사회생활의 초창기
에는 직업 전선에서 두각을 나타내지 못한다. 따라서 결혼할

만한 돈도 모으지 못한다. 하지만 타고난 일꾼인 이들은 곧 적당한 일자리를 구하고 또 일도 아주 잘해낸다.

영양형이 음식과 그 밖의 여러 가지 안락함을 누리기 위해, 그리고 가슴형이 사치품을 가지기 위해 많은 낭비를 하는 반면 이들은 수입의 대부분을 저축한다. 그렇다고 돈 버는 데에만 관심이 있는 것은 아니다.

• 합리적인 결혼

그래서 근육형은 서른 즈음이 되면 가정을 꾸릴 준비를 한다. 그 무렵이 되어 충분히 분별력을 갖추게 되면 전형적인 근육형이 평생 동안 추구하는 '이 세상 어딘가에 정착하려는' 목표에 방해가 되지 않도록 자신과 비슷한 성향의 배우자를 선택한다.

• 배우자는 질 좋은 옷을 고르듯

근육형의 사람들은 평소에 질이 좋은 옷을 고르듯이 배우자를 선택한다. 그 자신이 평범하고 소박하기 때문에 그런 사람을 좋아하는 것이다. 다른 유형들처럼 충동적으로 행동하는 법이 없는 이들은 오래 함께 살 수 있는 성격의 배우자를 선택한다.

• 가장 긍정적인 연인

이들은 다른 일을 할 때와 마찬가지로 근면 성실하게 사랑에 빠진다. 가슴형처럼 특별히 우아하거나 영양형처럼 친밀감을 드러내지는 않지만 이들의 사랑은 격정적이며 지극히 진지하다. 가슴형처럼 짧은 기간에 끝내지도 않고 골격형처럼 몇 년 동안 길게 끌지도 않지만 현실적인 조건이 충족되기만 하면 곧바로 결혼한다.

영양형이 가장 사랑 표현을 잘하고, 가슴형이 가장 바람둥이라면, 근육형은 가장 긍정적인 연인이다.

• 치명적인 단점

결혼이라는 관점에서 보자면 근육형은 다른 유형에 비해 더 많은 장점을 지니고 있지만 그것을 한꺼번에 무너뜨릴 수도 있는 단점이 하나 있다. 이들의 공격적인 성향은 종종 격렬한 분노로 표출되는데, 그러는 과정에서 거의 용서받기 힘들 험한 말을 내뱉는다.

모든 인간관계에 있어 이 유형의 주된 결점은 너무 빨리 싸우려 들고, 화가 난 상태에서 너무 심한 말을 내뱉어 적으로 만들어버리는 경향이 있다는 것이다. 이것은 결혼생활에서도 행복하게 함께 살 수 있는 이상적인 배우자를 잃을 수도 있는 심각한 결함이다.

근육형의 배우자를 힘들게 하는 또 다른 특성이 있다면 타인에게 너무 관대하게 대해 오히려 가족은 고통을 겪게 된다는 점이다. 또한 이 유형의 남편이나 아내는 일을 하기 위해 가정생활을 희생시키는 경향이 있으며, 그로 인해 시간이 지날수록 남편과 아내 간의 사이는 점점 멀어지기도 한다.

• 바람직한 특성

뛰어난 노동 능력과 관대함 그리고 공명정대함은 근육형의 결혼을 성공으로 이끄는 특성들이다. 재정적인 어려움을 겪을 때 근육형의 아내는 생계를 꾸려나가는 데 훨씬 많은 도움을 준다.

일반적으로 이들은 바람 피우는 것을 싫어해서 이런 문제로 배우자에게 걱정을 끼치는 일은 없다.

• 근육형에 어울리는 배우자

근육형은 배우자를 선택하는 데 네 가지 선택지가 있다. 절대 결혼해서는 안 되는 유일한 유형은 골격형이다. 골격형의 완고한 특성과 근육형의 공격적인 성향이 마주치면 끝없는 싸움만이 있을 뿐이다.

전형적인 근육형이라면 자신과 똑같은 전형적인 근육형의 배우자를 선택하는 것이 제일 좋다. 다른 유형들은 가정생활에서 마주치게 되는 실질적인 문제에 전혀 도움을 줄 수 없다. 하지만 근육형과 두뇌형의 성향이 섞인 사람을 선택하는 것은 괜찮을 수 있다.

두 번째로 선택할 수 있는 유형은 전형적인 두뇌형이다. 이 경우에는 두뇌형의 머리에서 만들어진 계획을 현실적으로 진행할 힘을 제공할 수 있으므로 행복하게 살 수 있는 가능성이 크다.

세 번째는 가슴형, 네 번째는 영양형이다.

▶ 골격형

주변 사람들 중 자신이 마음을 준 한 사람만을 위해 아주 오랫동안 기다리는 사람이 있다면 대부분 골격이 두드러지게 발달해 있을 것이다. 사랑하는 그 사람이 다른 사람과 결혼한다 해도 그 사랑을 지킨다. 자신이 원하는 유일한 사랑이며 그 외의 사랑은 없기 때문이다.

• 수수께끼가 풀리다
바로 이런 사실이 오랫동안 친구 사이로 지내던 사람이 중년이나 노년에 이르러 의외의 결혼을 하는 이유를 설명해준다. 그들 중 한 사람이 상대방이 동의할 때까지 혹은 자녀들이 다 자랄 때까지 혹은 죽음이 그 길을 내줄 때까지 기다렸을 것이다.

• 평생 한 명만 사랑한다

실제로 골격형의 남녀가 인생에서 여러 번의 사랑에 빠지는 것은 불가능하다. 심지어 젊은 시절에도 이들은 다른 유형의 사람보다 애인을 만드는 횟수가 적다.

일반적으로 골격이 큰 소년이나 소녀는 이성 앞에서 불편함을 느끼며, 사회적인 활동도 피하기 때문에 다른 유형과는 달리 어린 나이에 사랑에 잘 빠지지 않는다. 이러한 성향으로 따돌림을 당하게 되는 일도 많지만 이러한 상황을 절대 바꾸지 못한다.

어린 시절에도 친구들과 어느 정도 거리를 두고 지내며 자기만의 세계에 머물기 때문에 거의 이성을 만나지도 않고, 이성에 대해서 잘 모르기 때문에 아예 처음부터 접근할 수 없는 상대라고 생각하기도 한다.

영양형은 이성과 함께 있는 것을 편안해하고, 가슴형은 그들을 매혹하고, 근육형은 진지하게 몰두하지만, 골격형은 이성을 피한다. 만약 결혼하지 않았다면 나이가 들수록 점점 더 이성 앞에 나서는 것을 꺼리게 된다.

그로 인해 자연스럽게 배우자 없이 살아가는 것이 이 유형 남녀들의 특징이다. 주위에 결혼하지 않고 혼자 사는 사람들을 한번 세어보라. 아마 영양형이라면 한두 명, 가슴형은 서너 명쯤, 근육형은 여섯 명을 넘지 않을 것이다. 하지만 결혼한 적이 없는 골격형을 일일이 떠올려 보려면 시간이 좀 걸릴 것이다. 결혼하지 않은 사람 중에는 이 유형의 사람들이 가장 많을 것이다.

• 함께 살기 어려운 사람들

골격형의 남자가 결혼했다면, 아마 모든 유형 중에서 함께 살기 가장 어려운 사람일 것이다. 그는 절대로 흔들리는 법 없이 제 뜻을 굽히지 않을 것이기 때문이다.

서로 양보하며 사는 것이 오래도록 행복한 결혼생활을 하는 비결로 여겨져 왔다. 옳은 말이다. 하지만 골격형은 자신의 배우자에게 양보하며 맞춰 사는 것이 거의 불가능에 가깝다. 이들은 모든 일이 특정한 시간에 특정한 방법으로 또한 특정한 목표를 위해 이루어지기를 원한다. 만약 자기 생각에 반대한다면 매우 가혹하게 대한다.

결혼생활에 있어 또 다른 결함이 있다면, 새로운 친구를 사귀려 하지 않고 사귀지도 못한다는 점이다. 그는 가족도 오랫동안 알고 지내온 몇몇 친구들에게만 소개한다.

• 지배하기를 좋아한다

골격형은 지배하려는 성향이 있으며 종종 배우자나 가족 모두에게 권력을 휘두르곤 한다. 남자는 물론 여자도 이러한 성향을 가지고 있다. 앞에서 살펴보았듯이, 사람들 사이에 커다란 차이가 나타나게 하는 것은 성별이 아니라 어떤 유형인가 하는 것이다.

• 공처가의 아내

혹시 주변에 공처가가 있다면 그 사람의 아내를 주목할 필요가 있다. 그의 아내는 분명 골격이 크고 사각턱인 사람일 것이다.

종종 그런 아내에게 본때를 보여주겠다고 큰소리치는 남자를 보게 되지만, 그녀의 커다란 골격을 바꾸지 못하는 이상 그들이 뭔가를 보여주기는 어려울 것이다. 아내에게 꼼짝 못 하고 눌려 사는 공처가라면 그 남편은 십중팔구 지배하기보다 지배받기를 더 좋아하는 영양형이거나 두뇌형이다.

남편이 아내를 지배하는 경우 역시 이런 유형의 결합에서 나타난다. 남편은 거의 언제나 골격이 잘 발달한 사람이며 아내는 영양형이거나 두뇌형이다. "나한테 저렇게 대한다면 절대로 가만 놔두지 않을 거예요!"라고 다른 유형의 여성은 말하겠지만, 그의 아내는 대개 무슨 일이든 책임지고 결정을 내려주며 자신을 지배하는 그녀의 남편을 좋아한다. 그래서 이런 부부들이 남들의 부러움을 받으며 행복하게 사는 경우도 종종 있다.

• 골격형에 어울리는 배우자

전형적인 골격형과 가장 어울리는 배우자는 전형적인 영양형이다. 두 번째로는 전형적인 두뇌형을 선택할 수 있지만, 세 번째 선택은 없다.

전형적인 골격형은 가슴형과 결혼하면 안 된다. 두 유형은 서로 너무나도 다른 성향을 가졌으므로 절대 서로를 이해해 줄 수가 없다. 전형적인 골격형이 절대로 결혼해서는 안 되는 또 다른 유형은 바로 자신과 똑같은 골격형이다. 골격형끼리 만약 결혼하게 된다면 각자의 의견과 욕구 그리고 선호하는 것을 상대방에게 절대 양보할 수 없으므로 모든 일에서 불화를 겪을 수밖에 없다.

▶ 두뇌형

두뇌형은 대부분 사랑을 머릿속으로만 한다. 다른 모든 일을 할 때와 마찬가지로 사랑에 대한 태도 역시 비현실적이어서 주로 사랑이 찾아오기만을 바란다. 이들은 골격형 다음으로 결혼을 잘 하지 않는 유형이다.

• 머리나 가슴 모두 구름 속을 떠돈다

두뇌형이 대체로 독신으로 지내는 이유는 청혼할 수 있을 만큼 현실로 돌아오는 시간이 너무 길기 때문이다. 다행히 현실로 돌아왔어도 지나치게 생각을 오래 하고 또 머뭇거리기 때문에 상대방에게 믿음을 주지 못한다.

이들은 소심한 태도 때문에 인생에서 거두어들일 수 있는 좋은 열매를 대부분 잃어버리고 만다. 사랑에 빠지는 것을 두려워하며, 사랑에 빠진 후에는 말로 표현하는 것을 두려워하고, 두 사람의 인생을 책임지며 적대적인 세상과 맞서는 것도 두려워한다.

• 여성들이 좋아하는 두뇌형 남성

여성들은 대개 두뇌형 남성을 좋아하지만 사랑에 빠지거나 존경하는 경우는 드물다. 다만 자신의 문제를 해결하지 못해 안절부절하는 그들의 태도가 여성의 모성애를 자극하는 것뿐이다.

• 세상에 과감히 맞서지 못한다

하지만 보호본능을 넘어서는 특별한 감정이 생긴 경우에
도 여성들은 전형적인 두뇌형과는 결혼하기를 꺼린다. 자기
와 자녀의 보호를 위해 두뇌형의 남자가 세상과 맞서 싸우지
못한다는 사실을 알고 있기 때문이다.

그래서 두뇌형을 사랑하게 되었다 해도 결혼만큼은 대개
뚱뚱한 세일즈맨인 영양형, 늘 직장이 있는 근육형, 화려한
생활을 약속하는 가슴형 혹은 반대를 용납하지 않는 골격형
과 결혼한다.

• 언제나 여자가 먼저 청혼한다

이 유형의 남자가 결혼했다면 여자 쪽에서 먼저 청혼한 경
우가 더 많을 것이다. 특히 여자가 성급하게 말을 꺼내는 가
슴형이거나, 단도직입적인 근육형 혹은 단호한 골격형일 경
우라면 청혼이 성공하는 데 많은 도움이 된다.

• 두뇌형 여자는 사랑을 듬뿍 받는다

두뇌형이 결혼에 성공할 가능성은 남성보다 여성이 더 크
다. 남편은 가정을 부양해야 하기 때문에 비현실적인 태도가
커다란 결함이 되지만, 아내일 경우에는 그렇지 않다.

두뇌형 여성을 사랑하게 되는 남자들은 그녀의 상냥함과

신중함 그리고 섬세함을 사랑하며 그녀를 위해 일하는 것을 기쁨으로 생각하는데, 그녀는 그러한 것들을 감사하게 받아들인다.

• 두뇌형의 약점

가족의 생활에 도움이 되는 구체적인 일을 하는 대신 공상 속에서 살아가려는 이들의 성향이 결혼생활에 있어 가장 큰 결함이 된다. 이런 성향은 돈 문제에 대한 무능력으로 직접 나타난다. 자녀를 키우고 교육하는 데 있어 돈이 매우 중요한 문제이기 때문에 돈을 벌지 못하게 되면 매우 어려운 처지에 빠져들게 된다.

높은 이상을 품은 섬세하고 지적인 남자가 무척이나 사랑하는 가족을 제대로 부양하지 못한다면 이보다 더 애처로운 장면도 없을 것이다.

• 창문 밖으로 사랑이 달아날 때

'가난이 대문으로 들어오면 사랑은 창문으로 달아난다.'는 속담은 서글픈 현실을 드러내는 말이다.

제아무리 생각이 깊은 철학자들일지라도 — 이들은 모두 두뇌형이다! — 사랑만큼은 세상의 온갖 풍파로부터 보호받는 근심, 걱정이 없는 곳에서 키워야 한다. 돈이 없다면 그런 안전한 장소를 만들고 지킬 수 없다. 행복한 결혼생활은 서로의 장점을 키워주고 약점을 가려주는 것에서 시작된다. 가난은 사람이 겪을 수 있는 최악의 상황을 만들어내며 이 세상의 좋은 것들을 감추어버린다. 그래서 이 유형의 사람들이 제아무리 고결하고, 이상적인 사랑을 꿈꾸며 저급한 본능을 따르지 않으려 해도, 다른 유형의 사람에 비해 두뇌형이 결혼생활에서 성공을 거두기란 쉽지 않다.

• 두뇌형에 어울리는 배우자

바깥세상과 어울리지 않고 주로 생각만 하며 살기 때문에 전형적인 두뇌형은 자신과 같은 두뇌형의 배우자를 만나야 한다. 두뇌형은 책을 읽고, 좋은 공연을 관람하고, 사회 현상에 대해 연구하는 것을 주된 즐거움으로 생각하기 때문에 이러한 것에 대해 아무런 관심도 없는 사람과 결혼하면 실패하기 마련이다. 하지만 두뇌형인 배우자와 결혼을 하더라도 그 배우자는 근육형의 성향도 함께 가진 사람이어야 한다.

두 번째로 어울리는 유형은 전형적인 근육형이며, 세 번째는 골격형이다. 골격형의 확고한 태도는 이들 조합의 관계에서는 바람직한 요소로 작용한다. 두뇌형은 지배하려는 성향이 없고 배우자에게 지배권을 넘겨주는 것에도 아무런 신경을 쓰지 않기 때문이다.

전형적인 두뇌형이 절대 결혼해서는 안 되는 유형은 영양형이다. 공통점이 거의 없는 상반된 성향을 가지고 있기 때문이다.

기억해둘 것!

결혼이라는 문제에서 기억해야 할 것은
'인간 유형'이 '사랑'을 대신하지 못한다는 점이다.

둘 다 이상적인 결혼에는 필수적이다.

결혼에 대해 진지하게 생각하고 있는 사람들은
각자의 자동차로 길고도 긴 여행을
함께 떠날 계획을 세우고 있는 운전자들과 같다.

그들이 같은 속도를 유지하며,
비탈길을 따라 '높은 곳'에 함께 도달할 수 있을지는
두 사람이 운전하고 있는 자동차가
어떤 유형일지에 따라 결정된다.

하지만 각자의 자동차에 연료를 공급하고
모든 장치가 잘 작동하게 하는것은 바로 '사랑'이다.

Chapter 7

각 유형별 직업

베스트 vs 워스트

• Vocations for Each Type •

천직을 발견한 사람은
'제 일'을 힘들어하지 않는다.
제아무리 오랫동안 일을 해도 피곤하지 않으며,
정신을 지치게 할 만큼 힘겨운 생각도 들지 않는다.
그에게는 낮과 밤도 없고, 퇴근 시간도 없으며,
주말 역시 없다.
타고난 천성에 맞는 일을 하는 것은
놀이와 다르지 않다.

▼ ▲ ▼

인간 세상의 피라미드

수많은 사람이 거대한 피라미드를 형성하고 있다. 뾰족한 꼭대기에는 소수의 유명인사들이 모여 있으며, 밑바닥층에는 많은 실패자들이 있다. 이 양극단 사이에 그 나머지 사람들이 모여 있다. 추락의 벼랑 끝에 몰린 사람부터 피라미드의 상층부로 진입하기 위한 위대한 문 앞에 선 사람들에 이르기까지.

다시 말하자면, 양극단 사이에 있는 사람들은 노동자, 사무원, 소상인, 가정부 등 피라미드의 정상에 오르고 싶어 하는 이 세상의 근간이 되는 사람들이다. 가장 낮은 층에서 상층부까지의 거리는 매우 멀지만 극복할 수 없을 만큼 먼 것은 아니다. 거의 하룻밤 만에 그 거리를 따라잡은 사람들도 많다.

흔히 하는 잘못된 생각

흔히들 믿고 있는 것처럼 명성은 오랫동안 열심히 노력해야만 얻을 수 있는 것은 아니다. 천 년 동안 열심히 일한다고 해서 누구나 에디슨, 퀴리, 록펠러, 루즈벨트, 베이브 루스, 카루소와 같은 명성을 얻을 수 있는 것은 아니다.

명성의 기반은 무엇일까?

피라미드의 꼭대기에 마련된 자리는 오직 자신만의 진정한 천직을 발견한 사람만이 차지할 수 있다.

천직을 발견한 사람은 '제 일'을 힘들어하지 않는다. 제아무리 오랫동안 일을 해도 피곤하지 않으며, 정신을 지치게 할 만큼 힘겨운 생각도 들지 않는다. 그에게는 낮과 밤도 없고, 퇴근 시간도 없으며, 주말 역시 없다. 타고난 천성에 맞는 일을 하는 것은 놀이와 다르지 않다.

피라미드 바닥에서 꼭대기로

자신의 일을 너무나도 사랑했던 토머스 에디슨은 하루 평균 네 시간 이하로 잠을 잤다. 실험할 때는 먹는 것도 잊을 정도였으며, 밤낮을 가리지 않고 발명이 끝날 때까지 온 정신을 쏟았다.

74세가 되어서도 정신적, 육체적 능력을 100% 발휘했으며 '이 세상의 귀재들'이 모여 있는 정상의 자리를 차지할 수 있었다. 그는 신문 배달을 하는 고아로 피라미드의 가장 밑바닥에서 인생을 시작했지만, 어릴 때 자신의 천직을 발견해 정상에 오를 수 있었던 것이다.

나중에 유명해진 실패자들

세상을 깜짝 놀라게 한 위대한 성공에는 언제나 실패가 먼저 있었다. 실패를 경험했던 사람들의 이야기는 언제나 흥미진진하다. 성직자가 되기 위한 교육을 받았던 다윈은 성직자가 되지 못했다. 허버트 스펜서는 수년 동안 엔지니어가 되기 위해 애를 썼지만 결국 실패하고 말았다. 33세의 에이브러햄 링컨은 친한 친구의 초대에도 응하지 못할 만큼 실패한 변호사였다. 나중에 그는 당시를 회상하며 '감히 그런 시간을 함께 즐길 수 없을 만큼 실패한 사람이었기 때문'이라는 글을 남겼다.

홈런왕이었던 베이브 루스는 실패한 재단사였다. 나다니엘 호손은 《주홍글씨》를 쓸 무렵에 이미 실패한 세관직원이었다. 카우보이로서 실패를 경험했던 테어도어 루즈벨트는 결국 미개척지로 나아가겠다는 꿈을 포기해야만 했다.

이들은 자신이 원하지 않는 일을 하려 했기 때문에 실패를 경험했다. 하지만 결국 자신에게 딱 맞는 천직을 찾고 그 일을 하게 되면 유명해지는 것은 식은 죽 먹기이다.

일이 아니라 놀이가 명성을 얻게 한다

자기 일을 너무나도 사랑해서 일이 아닌 놀이라고 생각하는 사람들만이 명성을 얻는다. 깜짝 놀랄 만한 효율성으로 자신의 일을 하는 사람들만이 명성을 얻는 것이다. 일로만 생각해서는 그런 종류의 효율성을 만들어낼 수 없다.

명성은 어떤 한 가지 일을 경쟁자보다 월등히 잘해서 그 결과가 그들의 것을 훨씬 뛰어넘을 때 찾아오는 것이다. 또 세상 사람들이 간절히 원하는 수많은 일 중 어느 하나를 효율적으로 해내면 그 가치를 인정받고 명성을 얻게 된다. 세상 사람들은 진정으로 원했던 일에는 기꺼이 그 대가를 치를 것이며, 또 그 일을 효율적으로 처리하는 사람에게는 경쟁자가 거의 없을 것이기 때문에 명성을 얻는 것이다.

하지만 한 가지 문제가 있다. 자신이 좋아하지 않는 일이라면 그게 어떤 일이든 절대 효율적으로 처리할 수 없다는 것이다. 효율성은 의무나 필요 혹은 자극이나 강요를 통해 발휘되지 않으며, 오직 그 일 자체를 즐겁게 하는 것에서 비롯된다. 우리가 '천재'라고 부르는 사람들이야말로 일하는 즐거움에 숨어 있는 경이로운 힘과 효과를 제대로 보여준다.

천직이 아닌 것을 정확히 구분할 것

자신의 천직이 아닌 것을 명확하게 구분해 제외한다면 천직을 찾는 데 많은 도움이 된다. 다음은 자신의 천직이 아닌 것을 골라내는 법을 위한 몇 가지 테스트이다. 현재 진지하게 고려하고 있는 직업이 있다면 그것이 자신에게 맞는 것인지를 결정하는 데 도움이 될 것이다. 자신의 적성이 어떤 직업에 맞는지 알고 싶을 때마다 다음과 같은 질문을 해보라.

만약 자신의 답변이 'YES'이면 그 직업은 천직이 아니다.

이 테스트는 한 젊은 여성의 이야기를 통해 가장 적절하게 설명될 수 있다. 그녀는 연기력이 있다는 말을 듣고 싶어 했던 배우지망생이었다. 그녀는 우리에게 "영화계에 뛰어들기로 했어요. 제가 성공할 수 있을까요?"라고 물었다.

우리는 먼저 이런 질문을 건넸다. "그 직업에 몸담은 자신을 상상해보세요. 지금 당신은 어떤 일을 하고 있나요?"

그녀는 눈을 감더니 "아, 모든 것이 다 멋져요. 내 차를 운전하고 있어요. 주문 제작한 작고 귀여운 차예요. 그리고 아주 예쁜 옷을 입고 영화계의 인기 스타들을 모두 만나고 있어요."라고 대답했다.

우리는 다시 한 번 물어보았다.

"자신이 하고 있는 일이 그것이 전부인가요?"

"네, 이 정도면 충분하지 않나요?"

"다 좋은데, 연기하는 모습만 빠졌군요."

그러자 그녀는 지난 8년 동안 영화계로 진출하기 위한 계획을 세웠지만 단 한 번도 연기를 하거나 어떤 배역을 연구하고 있는 자신의 모습을 그려본 적은 없다고 했다. 그저 성공한 배우로서 누릴 수 있는 것들에 대해서만 생각했던 것이다.

이 두 가지 질문에 대한 대답이 모두 'YES'이면 아무런 문제도 없다. 당신은 그 직업에서 성공을 거두게 될 것이다. 당신은 일을 매우 사랑하므로 일 자체가 곧 놀이가 될 것이기 때문이다. 놀이하듯 행복하게 그 일을 할 것이기 때문에 일을 하면서도 매일 새로운 기운을 얻게 될 것이다.

자신의 적성에 맞는 일을 하는 것이기 때문에 끊임없이 개선점을 찾아내고 전혀 새로운 일처리 방식들을 만들어낼 것이다. 그로 인해 오직 월급봉투만을 위해 일하는 다른 사람들보다 더 높은 직위를 차지할 것이며 연봉 역시 올라갈 것이다. 그리고 결국 최고의 자리에 오를 수밖에 없을 것이다.

이러한 면을 적절히 설명해 줄 수 있는 한 남자의 이야기가 있다. 그는 회계원으로 23년간 똑같은 직책에 있으면서 매달 125달러의 월급을 받았다. 혹시라도 시간이 생기면 무언가를 만드는 데 몽땅 사용했다.

그는 자기 집의 부엌과 욕실 그리고 현관에 필요한 모든 가구를 직접 만들었고, 만들면서 그 물건들의 세세한 부분에 나타나는 문제점들을 개선했다.

우리는 그가 만든 물건들이 이동거리와 노동시간을 줄여주고 여가도 더 많이 누리게 해준다는 것을 알았다. 그래서 이런 설비들이 주는 편리한 혜택을 오직 그의 아내만 누려서는 안 된다고 그를 설득했다. 마침내 그는 우리의 말에 자신감을 얻어 자신의 발명품들에 대한 특허를 신청했다. 지금 그는 부자가 되어 있다.

질문 3. 자신이 택한 직업에서 요구하는 '활동'을 순수한 기쁨만을 위해 자발적으로 따를 수 있는가?

만약 자발적으로 그렇게 할 수 없다면, 당신은 그 일로 절대 성공할 수 없다.

이 질문을 적절하게 설명해줄 일화가 있다. 한 청년이 우리에게 자신이 대중 연설가로 성공할 수 있을지를 물었다. 그는 강연자가 되기로 결심하고 지난 2년 동안 열심히 공부했다고 말했다.

우리의 질문, "남들에게 말하는 것을 즐기나보죠? 설명하는 것을 좋아하나요? 남들과 대화할 때 자기가 하고 싶은 말만 하는 편인가요, 아니면 그보다 조금 더 많이 하는 편인가요?"

그는 이 질문들에 대해 모두 'NO'라고 대답했다. 그가 설명했다. "하지만 저는 이 계통의 일을 꼭 해야만 하겠다고 생각했습니다. 전 언제나 내성적인 편이지만 훈련을 통해 잘할 수 있을 거라고 생각합니다."

자기 자신을 변화시키는 동안에도 이 세상이 자신에게 어떤 대가를 지불할 것이라고 기대하는 것은 지극히 어리석은 생각이다. 인생은 공립학교처럼 공짜이지만, 출석했다는 것만으로 봉급을 주지는 않는다.

성공하려면 평범한 것으로부터도 이 세상에 도움이 되는 무언가를 만들어내야만 한다. 무언가를 만들어낼 수 있는 자신만의 특별한 재능이 없다면 색다른 것을 전혀 만들어낼 수 없다. 그 특별한 재능을 알기 위해 자신이 천성적으로 잘하는 활동을 분류해보아야 한다. 그리고 그런 활동을 필요로 하는 분야에서 두각을 나타내도록 해야 한다. 하지만 전혀 다른 활동을 요구하는 분야에서는 절대로 성공할 수 없다.

스스로에게 질문해보기

몇 년 전, 한 젊은 여성이 직업 상담을 위해 우리를 찾아온 적이 있었다. 그녀는 실크를 수입하는 회사에 취업하기를 원했지만 그 직업에 필요한 자격은 전혀 없었다. 누가 봐도 그 일을 잘할 수 있는 능력을 전혀 갖추지 못했는데 왜 그 일을 하겠다고 생각하는지 물어보자 그녀는 이렇게 대답했다.

"이 일을 하면 넓을 세상을 볼 기회가 있을 것 같고(내게 필요한 것), 천에 대해 배울 수도 있고(여성이라면 알아야 하는 일이라고 생각해서), 세부적인 일에 집중할 수 있을 것이고(싫지만 반드시 배워 익혀야 하는 일), 많은 사람들과 만날 수 있다고 생각하기 때문이에요(사람 만나는 일은 싫어하지만, 사람들을 상대하는 법은 배워야만 한다고 생각해서)."

어떤 직장에 대해 생각하고 있다면, 먼저 이런 질문을 스스로에게 던져보아야만 한다. "이 직장에서 어떤 일을 해야만 하는 거지? 이 일을 잘해낼 준비는 되어 있나? 잘해낼 수 있을까? 이 직장에서 요구하는 활동들이 내가 좋아하는 것일까?"

하지만 100명의 구직자 중 99명은 자신에게 어떤 질문도 던져보지 않으며, 오직 "급여는 얼마를 받게 되나요?"라고 질문할 뿐이다.

사람들은 제시된 급여가 매력적일 정도로 많을 경우, 제대로 일을 해내지 못하면 곧 엄청난 고통을 받을 수도 있다는 사실을 무시한다. 또한 급여가 적을 경우 자신이 일을 아주 잘하면 더 많이 받을 수 있다는 사실도 잊고 있다.

만약 어떤 사람의 특별한 업무가 높은 급여를 줄 만한 일이 아니라면, 고용주는 그를 대신해 그 일에 맞는 능력의 다른 사람을 채용할 것이다. 이 세상의 모든 기업은 대부분의 사람들이 하는 일을 조금 더 잘할 수 있는 사람을 찾으며, 그런 사람을 찾으면 충분한 보수를 낸다. 결국 그런 사람이 기업에 도움이 되기 때문이다.

높은 급여를 받는 사람들

능력을 개발하고 나서 그걸 써먹지 못하게 될까 두려워할 필요는 없다. 열심히 갈구해야 하는 직업은 보수가 많은 직업이다. 지성과 효율의 조합을 찾는 게 쉽지 않기 때문이다. 그렇다고 고액의 연봉을 벌어들이는 사람이라 해서 슈퍼맨은 아니다. 그들은 다른 이들에 비해 크게 다른 것이 아니라, 단지 자신의 특별한 재능에 적합한 것을 찾아서 계속 앞서 나아가는 것이다. 물론 사전에 온갖 보상을 요구하는 대신 계속 재능을 향상시키면서.

큰 가능성을 보라

지난여름 로키 산맥을 여행하던 중 도로변의 산비탈에 자리 잡은 어느 통나무집을 방문한 적이 있다. 집주인은 뒤뜰에서 닭들에게 사료를 주려는 참이었다. 그가 곡물을 흩뿌리자 닭들이 사방에서 달려들었고, 서로 거칠게 밀치며 바닥에 떨어진 곡물 부스러기를 정신없이 쪼아대기 시작했다. 그 주변으로 수십 마리의 닭들이 떼 지어 모여들었다. 그런데 서너 마리의 닭들은 멀리 바깥쪽에서 그냥 머물러 있는 것이었다. 그 녀석들은 집주인이 간간이 비탈의 바위들 사이로 내던지는 큰 곡물 알갱이를 향해 날쌔게 쫓아갈 태세를 취하고 있었다.

"전 단순히 녀석들이 머리를 굴릴 줄 아는지 보려고 이렇게 해봤죠." 집주인이 설명했다. "인간들 역시 저 녀석들처럼 행동하지요. 큰 기회를 엿볼 수 있는 곳에서 기다리는 대신 치열한 경쟁이 벌어지는 곳에서 서로 조그마한 기회를 차지하려고 마구 달려드니 말입니다."

인생은 자신의 능력을 감안하며 '큰 가능성을 목표로' 나아가면 모든 사람에게 기회를 준다.

누가 아이를 부적응자로 만들었나

부적응자가 되는 데에는 여러 가지 영향을 미치는 원인이 있다. 그중에서 가장 큰 영향을 주는 것이 바로 사랑하는 부모이다. 많은 아버지와 어머니들은 세상 누구보다 좋은 의도에서 자신의 자녀들에게 적성에 맞지 않는 직업을 선택하라며 거듭 설득한다. 이런 부모들이 종종 자녀들이 가진 재능을 살리지 못하도록 아이들의 열의를 꺾어놓는다. 잘 살리기만 하면 자녀를 성공으로 이끌 수 있는 그런 재능을 말이다.

부유한 부모가 경제권을 장악하고 교육을 손에 쥐고 있다면, 아이가 세상에서 선택할 기회는 그리 많지 않을 것이다. 부모가 고른 직업에서 자녀가 실패할 때까지 부모는 자녀를 위한다는 마음으로 단념하지 않을 것이기 때문이다. 결국 자녀가 자신이 좋아하는 직업을 선택해서 성공하면, 그제야 부모는 아이의 재능을 알아채고 놀라움을 금치 못하곤 한다.

그러나 부모가 원한 직업에서 만약 자녀가 실패한다면, 자아를 형성하고, 감수성이 예민하며, 영감이 충만한 아이의 소중한 청춘의 시간을 빼앗아 결국 아이가 실패했음을 명심해야 한다.

부모의 지나친 보살핌이 자식을 망친다

이러니 가난한 부모의 자녀가 부유한 부모의 자녀보다 더 큰 가능성을 가질 수 있다. 최소한 그 자녀는 자신이 원하는 방향으로 직업을 선택할 수 있기 때문이다. 이 세상의 가장 성공한 사람 중에서 종종 빈곤층 출신이 있는 것도 이런 이유에서다. 이 사실을 알고 있기에 우리는 흔히 '부모의 지나친 보살핌이 자식을 망친다'는 말을 떠올린다.

• 리처드와 도로시 이야기

운명이 손을 잡아 준 매우 흥미로운 이야기가 있다. 거액의 재산을 상속받은 뉴욕의 과부가 아들과 딸에게 좋은 미래를 만들어 주기로 했다. 그녀는 아들인 리처드는 텍사스에 있는 자신의 농장에서 축산업자나 농부가 되었으면 했고, 딸인 도로시는 파리에서 화가가 되었으면 했다.

하지만 그녀의 아들, 딸은 어머니가 원하는 직업에 흥미가 없었고, 되려 각자 상대의 직업에 흥미를 느꼈다. 체구도 작고, 우울한 성격에, 민감하고 미적인 성향의 리처드는 예술가에, 엄청나게 덩치가 커서 스타킹 길이가 자그마치 1.8m나 되는 도로시는 농부가 되기를 원했던 것이다. 그러나 엄마는 완고했다. 그래서 1914년 봄, 도로시는 리처드가 하고 싶어 하던 예술 공부를 위해 파리로 보내졌고, 리처드는 도로시가 원하던 텍사스 목장으로 보내졌다.

그런데 그때 전쟁이 발발했다. 도로시는 서둘러 파리를 떠나야 했고, 그 덕분에 원하던 농장으로 돌아와서 훌륭하게 성공했다. 리처드는 전쟁 중인 파리로 갔는데, 돌아오기를 거부했다. 후에 엄마에게 쓴 편지에서 그는 전쟁이 자신의 삶을 찾아주었으며 바로 그것이 예술가로서 지금의 성공을 있게 해주었다고 썼다. 엄마는 자식들의 성공에 행복했다.

최고의 부모는?

부모는 세 가지 부류로 구분할 수 있다. 자식을 과대평가하는 부모, 자식을 과소평가하는 부모, 그리고 자식에 대해 아무 평가도 하지 않는 부모이다.

절대다수는 첫 번째 부류이다. 자식이 부모가 바란 평생의 원에 미치지 못할 경우 많은 부모가 환멸을 느끼는 것도 이 때문이다.

두 번째 부류인 자식을 과소평가하는 부모는 소수이다. 그들은 자식들이 거둔 성과에 뜻밖의 놀라움으로 기뻐하며 산다. 이 중에서 최고의 부모는 자식들이 타고난 재능을 따르도록 그냥 내버려두는 부모들이다.

부모들이 삼가야 할 것들

부모들은 자녀가 좋아하지 않는 직업을 강요해서는 안 된다.

최근에 우리와 식사를 함께했던 어떤 부모처럼은 절대 행동하지 말 것을 충고한다. 우리가 식탁에 둘러앉아 있을 때 그 부모는 네 명의 자식들을 가리키며 이렇게 말했다. "얘가 다니엘이랍니다. 우린 다니엘을 의사로 만들 생각이에요. 가장 친한 친구가 의사이거든요. 타일러는 변호사로 만들 작정입니다. 우리 집안에 대대로 변호사가 있었거든요. 브래드는 성직자가 될 겁니다. 우리 가족 중에 이젠 성직자가 한 명쯤 나와야 한다는 생각입니다."

"패트리샤는 어떻게 할 생각입니까?" 우리가 물었다.

"아, 패트리샤는… 그 아이는 빨리 결혼시켜 멋진 가정을 꾸리도록 해야지요."

인간 분석을 공부한 학생이라면 이 네 명의 자녀들이 올바른 직업을 갖지 못하리라는 것을 단번에 알아차렸을 것이다. 사각형 턱을 가진 근육형의 브래드는 성직자보다는 변호사가 훨씬 더 어울리고, 자그마한 타일러는 교사나 강연자가 맞을 것이며, 뚱뚱한 다니엘은 의사보다는 타고난 사업가로 태어났을 것이고, 패트리샤는 네 명의 남매 중 가장 많은 능력을 갖추고 있었기 때문이다.

봉인된 꾸러미

만약 당신이 부모라면 자녀의 직종을 정하는 데 마음대로 어떤 선을 그어서는 안 된다. 당신의 자녀는 봉인된 꾸러미나 마찬가지다. 그런데 그 꾸러미에 무엇이 담겨 있는지는 오직 청년기에 드러나는 성향을 통해서만 확인할 수 있다.

자녀가 자연스럽고 정상적이며 자유롭게 각자의 특성을 살릴 수 있도록 해야 한다. 너무 일찍 조언을 하려다 문제를 복잡하게 만들지 마라. 그리고 특정한 직업을 칭송해서도 안 된다. 아이들은 남의 영향을 받기 쉽다. 부모가 어떤 직업을 특별히 선호한다는 사실 그 자체가 종종 자녀에게 영향을 미친다. 그 결과 자녀는 자신의 능력이 부족한데도 그 일에 매달리느라 시간을 낭비하고는 한다. 청년기는 일분일초가 소중한 때라서 이런 시간 낭비는 엄청나게 큰 대가를 치르게 한다.

한편 어떤 직업에 반감을 품을 수 있는 편견을 심어주어서도 안 된다. 예컨대 육체노동은 열등한 일이고, 그에 비해 사무직은 우월한 일이라고 생각하게 해서는 안 된다는 것이다.

부모들은 특정 직업에 반감을 보이는 등의 어리석은 실수를 범하곤 한다. 얼마 전에 우리는 한 아버지가 가족 앞에서 다음과 같이 말하는 것을 들은 적이 있다. "내 아이들이 변호사가 되는 걸 원치 않아. 변호사들은 죄다 거짓말쟁이니까. 성직자들은 더 나쁜 놈들이지. 그들은 하나같이 계집애 같거든. 의사들은 죄다 사기꾼이고, 배우들은 죄다 악당이야. 게다가 사업은 속고 속이는 게임이지. 그래서 내 아이들은 모두 농부가 되었으면 해."

• 그릇된 보살핌

몇 해 전에 참으로 안타까운 한 사건이 우리의 관심을 끈 적이 있다. 한 어머니가 열여덟 살 난 아들의 직업 상담을 위해 시카고에서 우리를 만나러 왔다. "저는 패트릭을 성직자로 만들기로 했어요." 그녀가 말했다. "제 행복은 모두 여기에 달려 있어요. 아이 아빠가 세상을 떠난 후 이 아이의 교육을 위해 저는 죽어라 일하면서 희생했답니다. 그러니 제발, 패트릭에게 성직자가 되라고 말씀해주셨으면 해요."

분석은 사실에 입각한 것이어야 한다며 우리는 그녀의 상담을 거절했지만 그녀는 완강히 상담을 고집했다. 분석 결과, 패트릭은 정신적으로 불완전했지만 한 가지만큼은 예외였다. 화살처럼 빠르며, 현미경처럼 세세한 것까지 놓치지 않는 탁월한 관찰 능력이 있었다. 당면한 행위와 무관해 보이는 동기에 대한 판단 능력도 불가사의할 정도로 정확했다.

소년 시절에 이미 숱하게 입증된 것처럼 그는 빼어난 탐색 능력을 갖춘 '인간 족제비'였다. 한때 그는 보석점에서 운송 점원으로 일했는데, 그곳에서 값진 목걸이가 사라진 사고가 발생한 적이 있었다. 시카고 경찰에서 단서를 찾는 데 실패한 이후에 제임스의 특별한 능력이 보고되었다. 그러자 사건에 매달릴 수 있도록 그에게 일주일의 휴가가 주어졌다. 그는 오랫동안 염원하던 밀워키 여행을 위해 일주일의 휴가 중 마지막 사흘을 사용했다. 나흘 만에 절도범을 찾아냈기 때문이다. 우리는 소년의 능력이 성직자와는 전혀 맞지 않지만 훌륭한 탐정이 될 수 있을 거라고 어머니에게 말해주었다.

"절대 용납할 수 없어요!" 그녀가 소리쳤다. "아이 아빠가 경찰이었어요. 그쪽 부류의 사람들은 모두 믿을 수 없어요! 내일 당장 제임스를 신학교로 데려갈 거예요." 그녀는 소년과 함께 자리를 떠났다.

두 달 후 그녀는 몹시 괴로워하며 우리를 찾아왔다. 그녀는 학과장으로부터 제임스가 수업에 단 하루밖에 참석하지 않았다는 내용의 편지를 받았다. 나중에 제임스는 집으로 돌아갈 것이라고 알려왔다. 하지만 그는 지하 세계 사기꾼들의 수법을 조사할 목적으로 집단을 결성했고, 그 때문에 심각한 문제에 휘말리고 말았다.

절대로 무턱대고 직업을 선택하지 마라

'수익성이 있어 보인다'고 해서 무턱대고 직업을 선택해서는 안 된다. 자신의 적성에 맞지 않는다면 장기적으로 그 직업은 당신에게 수익을 가져다주지 않을 것이다.

'쉬워 보인다'고 해서 무턱대고 직업을 선택해서는 안 된다. 그 직업이 당신의 적성에 맞지 않는 한 당신에게 쉬운 일은 아닐 것이다.

'멋진 옷을 차려입을 수 있다'고 해서 무턱대고 직업을 선택해서도 안 된다. 정작 당신에게 필요한 것은 옷차림이 아니라 능력이다.

'근무시간이 짧다'고 해서 무턱대고 직업을 선택해서는 안 된다. 고용주 역시 근무시간이 짧다는 사실을 훤히 알고 있기에 그 기준에 맞춰 임금을 지불할 것이다. 상대적으로 여가를 즐길 시간이 길어졌다고 해도 결국 앞으로 10년 동안 손해만 입을 뿐이다.

'인기 있거나 흥미로워 보인다'고 해서 무턱대고 직업을 선택해서는 안 된다. 최근에 우리는 한 젊은 여자가 친구에게 "나는 개인 비서가 될 거야."라고 말하는 것을 들었다. "어떤 일을 하는 거지?" 그녀의 친구가 물었다. "나도 잘 모르겠어." 그녀가 대답했다. "하지만 아주 매력적인 것 같잖아. 그렇지 않니?"

'오래되었거나 중간층에 속해 있거나 평범하다'고 해서 무턱대고 직업을 선택해서는 안 된다. 다만 그 직업에 알맞은 재능을 가지고 있다면 당신은 운이 좋은 것이다. 왜냐하면 이런 종류의 직업에 대한 수요가 가장 많기 때문이다. 수요가 많다는 것은 큰 도움이 된다. 이런 직업에서 새로운 실력을 발휘한다면 당신은 성공할 수 있을 것이다.

• 그녀가 독일어 교사가 된 이유

오로지 그 직장에 당신의 '친구들'이 있다고 해서 그곳을

선택하거나, '최악의 적'이 있다고 해서 그 직장을 거부해서
는 안 된다.

이와 관련해 기억에 남는 두 명의 친구들이 있다. 한 명은
우리가 대학에서 알고 지내던 멋진 여자였다. 그녀는 독일어
교사가 되었는데, 이후에 한 대학에서 강사 자리를 얻었다.
그러나 교과 과정에서 독일어가 사라지자 그녀는 일자리를
잃었다.

"루스, 그런데 당신이 독일어를 선택한 이유가 뭐였죠?"
우리가 그녀에게 물었다. "다른 분야를 선택했으면 당신의
재능을 더 잘 살릴 수 있었을 텐데."

그녀가 대답했다.

"고등학교 시절에 제가 좋아하던 선생님이 독일어를 가르
쳤기 때문이에요."

• 그가 엔지니어가 되지 않은 이유

그녀와는 정반대의 사례로, 30년 동안 마음에 안 드는 직
장에서 계속 일한 한 친구가 있었다. "톰, 당신은 엔지니어
가 적격이에요." 오랫동안 그를 지켜봐온 우리가 그에게 말
했다. "그쪽 방면에 딱 들어맞는 성향을 가지고 있는데도 어
째서 당신은 그 일을 선택하지 않은 거죠?"

"그건 내 아버지에게 사기를 쳐서 전 재산을 빼앗아간 작

자가 바로 엔지니어였기 때문이오!" 그가 대답했다.

단지 당신의 '마음이 불편하다'고 해서 잘해오고 있던 일을 그만두고 새로운 직업을 선택해서는 안 된다. 당신이 잘못된 직업을 선택하면 당신의 마음은 더욱 불편해질 것이기 때문이다.

사회적 기만

'사회적 신분을 약속한다'고 해서 무턱대고 직업을 선택해서는 안 된다. 당신이 일에서 성공하지 못하면 그런 신분을 얻을 수 없기 때문이다. 어쨌거나 사회적 신분은 그다지 가치 있는 것이 아니다. 당신이 타고난 적성에 맞는 일을 하고 있다면 사회적 신분 따위는 걱정하지 마라. 당신이 그것을 원하건 원하지 않건 나중에 저절로 따라오기 마련이다. 그리고 막상 그런 신분이 생기면 당신은 그것을 별로 신경 쓰지도 않을 것이다.

비집고 들어가기

'사람들이 당신에게 의존한다'고 해서 무턱대고 그 일을 평생의 업으로 삼아서는 안 된다. 일단 수입 없이도 몇 달 동안 살 수 있을만큼 충분한 돈을 모아라. 그리고 일을 쉬는 동안 당신이 좋아하는 직업에 비집고 들어갈 수 있도록 준비하라. 그런 다음, 일을 시작하는 데 필요하다면 월급이 좀 적더라도 그 직업을 선택하라. 만약 당신이 그 일을 진정 좋아한다면 일을 아주 잘해낼 것이며, 그 덕분에 승승장구하게 될 것이다.

팔방미인

당신이 '할 수 있다'는 것을 보여주기 위해 어떤 일을 시도해서는 안 된다. 다재다능한 당신의 능력을 과시할 목적으로 다양한 직업들을 선택하려는 유혹에 빠지지 마라. 다재다능함은 오히려 큰 단점이 될 수 있다. 그것이 철저한 연구를 소홀히 하거나 그냥 스쳐 지나가게 하며, '모든 걸 다 잘해도 뛰어난 한 가지가 없는 사람'이 되게 하기 때문이다.

세 가지 유형에서 당신의 능력은 어디?

> • 사람과 함께하는 일
>
> • 사물과 함께하는 일
>
> • 아이디어와 함께하는 일

세상에는 위와 같이 세 가지 유형의 일이 존재한다. 사람들은 이 중 한 가지에서 남들보다 우수하고 탁월한 능력을 타고난다. 반면 그가 거의 능력을 발휘할 수 없는 한 가지도 존재한다. 나머지 하나에서는 아마 중간쯤의 능력을 발휘할 것이다. 모든 사람은 이 세 가지 유형의 일 중에서 자신의 능력을 최대한 발휘할 수 있게 해주는 직업을 찾아야 한다. 그런 다음 성격, 훈련, 교육, 환경, 경험에 가장 적합한 그 직업의 특정 분야에 뛰어들어야 한다.

[유형별 직업 어드바이스]

▶ 영양형

앞에서 언급했듯이 영양형은 타고난 사업가이다. 의식주와 관련된 계통이라면 그는 거의 모든 것을 팔아치울 수 있다. 자신이 그런 것에 많은 관심이 있으므로 타인의 관심도 불러일으킬 수 있다. 영양형은 편안함을 원하기에 돈을 좋아한다. 오직 돈만이 편안함을 가져올 수 있기 때문이다. 비즈니스는 다양한 영역에서 돈벌이를 제공해준다. 따라서 영양형은 상업 세계 그 자체와 거기에서 무언가를 얻을 수 있기 때문에 그 세계를 좋아한다.

전형적인 영양형 남자는 누구에게나 물건을 팔 수 있으며, 타인이 하는 일을 감독할 수 있다. 전형적인 영양형 여자역시 누구든 물건을 팔 수 있고, 타인이 하는 일을 감독할 수 있다. 그리고 훌륭한 요리사가 될 수 있다.

오늘날에는 영양형이 거액의 돈벌이를 하는 데 가장 유리하다. 미국의 백만장자는 대부분 영양형과 두뇌형이 결합된 인간형이다. 이것은 세상 사람들에게 의식주가 필수 불가결하다는 사실에서 기인한다. 다른 인간형에 비해 비만형이 이런 의식주의 홍보와 제조와 판매에서 발군의 능력을 발휘한다.

• 특성

① <u>훌륭한 감독자</u>　영양형은 훌륭한 감독자이기도 하다. 그는 매우 상냥하고 호감이 가지만 본인은 일하려 들지 않는 성향을 가지고 있다. 그 때문에 다른 인간형들에 비해 타인에게 많은 일을 시킬 수 있는 능력이 있다.

흔히 감독관, 관리자, 사장, 지배인, 매니저, 판매 책임자로 성공한다.

② <u>편안함을 좋아하는 본능 활용</u>　영양형은 편안한 것을 매우 좋아한다. 그리고 편리한 물건을 반드시 가져야 직성이 풀린다. 모든 인간의 성공은 기본적인 본능을 충족시키는 방향에서 찾아볼 수 있다. 따라서 영양형이 '삶의 좋은 것들'을 보여주며 타인의 흥미를 끄는 데 성공한다면 제일 비싼 가격이라 할지라도 사람들은 기꺼이 그것을 사려 할 것이다.

③ <u>피할 것</u>　오직 아이디어만 다루는 직업은 영양형과 맞지 않다. 영양형이 성공적으로 팔 수 없는 거의 유일한 물건은 바로 책이다. 왜냐하면, 그들은 사물에 관심을 갖는 반면 아이디어에는 관심이 없기 때문이다. 영양형이 관심을 갖는 사물, 즉 음식과 편리한 물건들은 책과 극과 극이다.

• 함께하면 좋은 유형

실천적인 근육형, 영리한 가슴형 혹은 자신과 같은 영양형과 동업을 맺으면 좋다.

• 피해야 할 유형

전형적인 두뇌형과 전형적인 골격형은 동업자로는 피해야 한다. 두뇌형은 영양형에 비해 지나치게 고답적이거나 비현실적이며, 골격형은 그의 손쉬운 방식에 지나치게 비판적이기 때문이다.

일자리를 구할 때 영양형은 전형적인 두뇌형이나 전형적인 골격형 고용주를 피해야 한다. 두뇌형은 뛰어난 기획자일 수 있지만 그의 기획과 영양형의 기획은 서로 궁합이 잘 맞지 않는다. 두뇌형은 아주 단순한 방식을 선택하는 영양형을 이해하지 못할 것이다. 그리고 골격형은 영양형이 체계적이지 않아서 금세 반감을 품을 것이다. 대개 시간이 지나면 영양형이 쓸 만한 인간이라는 사실이 밝혀진다. 그러나 질서를 중시하는 골격형은 영양형의 느슨함을 못 견뎌 할 것이므로 끝까지 기다리지 못한다.

• 피해야 할 지역

영양형은 외곽 지역이라면 어디든 피해야 한다. 편리함이 없으면 그는 일을 잘할 수 없다. 불안정한 지역에는 이런 편의시설이 흔치 않다. 따라서 그런 곳에서는 영양형이 쉽게 적응할 수 없다.

• 영양형을 위한 직업

① <u>전형적인 영양형</u> 요리사, 간호사, 각종 음식과 음료의 판매업자, 식당·호텔·카페·휴게실·편의 시설의 경영자, 급식업자 등

② <u>영양-가슴형</u> 신제품 또는 예술적이고 심미적인 요소가 담긴 의식주 관련 판매업, 찻집·제과점·특산품점·옷가게의 경영자, 방문 판매 영업사원, 고급 승용차 영업사원 등

③ <u>영양-근육형</u> 실용품 판매업, 뛰어난 재봉사(여자일 경우)

④ <u>영양-골격형</u> 농장이나 목장의 운영자, 목재·철물 판매업, 채권 영업직 등

⑤ <u>영양-두뇌형</u> 대규모로 거래되는 의식주 관련 물품 판매 또는 제조업, 광고업 등 (세계적인 부자 중 다수가 여기에 속한다)

▶ 가슴형

가슴형은 사람들과 어울려서 하는 일을 가장 잘하는 인간형이다. 전형적인 가슴형은 사람들과 접촉하는 직업에서 크게 성공할 수 있다.

그에겐 많은 돈을 벌 기회가 자주 찾아온다. 연예인이나 예술인들의 경우 다른 일을 하는 인간형보다 돈을 많이 벌며, 하룻밤에 상당한 금액을 벌어들이는 연예인들도 드물지 않다. 그들은 거의 가슴형이다. 그렇지만 무대는 그에게 많은 수입을 안겨주기도 하지만 동시에 돈을 흥청망청 쓸 수 있는 친구들과 유혹도 함께 안겨준다. 심지어 매우 유명한 가슴형 인간이라도 실제로는 좀처럼 많은 돈을 가지고 있지 않다. 가슴형의 특징 중 하나인 무책임한 행동도 그가 저축하는 것을 어렵게 만든다.

• 특성

① <u>타고난 연예인</u> 앞서 말했듯 가슴형은 타고난 연예인이다. 그는 무대 및 무대와 관련된 각종 활동 분야에서 최고의 능력을 발휘한다.

② <u>인정받으려는 본능 활용</u> 가슴형은 타인의 인정과 찬사를 무척 좋아한다. 그는 영리하고, 현란하고, 재기 넘치고, 화

려하고, 매혹적이다. 이런 성향 덕분에 무대, 스크린, 극장과 관련된 다양한 직종에서 명성을 얻을 수 있다. 남과 어울리길 좋아하는 본능도 타인과 함께 협력하는 작업에서 성공할 수 있게 해준다.

③ 피할 것　가슴형이라면 매일매일 똑같은 작업을 해야 하는 직종을 피해야 한다. 틀에 박힌 작업은 무엇이든 삼가야 한다. 단조로운 일은 그에게 적합하지 않다. 또한, 가슴형이 반드시 피해야 할 물건은 기계다. 기계는 항상 같은 방식으로 작동하기 때문이다. 가슴형은 무엇이든 반복되는 것을 좋아하지 않는다.

그리고 가슴형은 절대 동료들과 떨어져 혼자 일하지 말아야 한다. 사람들에게서 떨어지면 외로움과 따분함을 느끼며, 그것이 바로 그의 의욕을 꺾기 때문이다.

· 함께하면 좋은 유형

첫 번째 동업자로 제일 맞는 유형은 근육형이다. 그들의 실용성이 도움을 주기 때문이다. 두 번째는 영양형이고, 세 번째는 자신과 같은 가슴형이다.

· 피해야 할 유형

가슴형은 골격형 고용주와 골격형 동업자를 피해야 한다.

골격형의 입장에서는 태평한 영양형도 이해하기 힘들지만 가슴형은 더더욱 이해하기 힘들기 때문이다. 이 두 인간형은 서로 상극이기 때문에 조화로운 협력은 애당초 불가능하다. 가슴형 고용주는 즉각적인 일처리를 원한다. 따라서 느리고 융통성 없는 골격형 직원들은 그를 미치도록 화나게 만든다.

위와 동일한 이유로 가슴형은 극단적인 골격형 관리자 아래에서 일하는 것을 피해야 한다. 가슴형이 느린 골격형에게 분통을 터뜨리는 것처럼 골격형 사장은 가슴형 직원의 성급한 대응에 역정을 낼 것이기 때문이다.

· 피해야 할 지역

가슴형은 사람들로부터 떨어져 지내야 하는 지역을 피해야 한다. 골격형이 결합한 경우를 제외하고 외딴 지역이나 문명의 변경 지대 혹은 이웃에게서 멀리 떨어진 지역에서 그는 결코 살아갈 수 없다. 그의 행복과 성공을 위해서는 사람들과의 교류가 필수적이다.

· 가슴형을 위한 직업

①전형적인 가슴형 예술업, 광고업, 오페라 가수 등 무대와 스크린에서 활동하거나 각종 고급 리셉션 활동을 하는 직종

② 가슴–영양형 신제품 또는 예술적이고 심미적인 장식

품 판매업, 의료·생명보험·영화·전시 등과 관련된 직업

③ 가슴-근육형 성악가와 연주자, 실내장식가, 정치학자, 사회복지사, 광고업자, 운동선수, 디자이너 등

④ 가슴-골격형 조경사, 과학자, 성직자 등

⑤ 가슴-두뇌형 개인 비서, 저술가, 교육자, 저널리스트, 작곡가, 마케터, 사진가 등

▶ 근육형

근육형은 사물과 함께하는 일을 가장 잘한다. 그렇다고 영양형처럼 물건을 잘 팔 수 있는 것은 아니다. 사물에 대한 그의 관심은 판매가 아니라 움직임에 있기 때문이다. 그는 자동차나 각종 기계, 그리고 움직이는 모든 물건과 함께 일하는 것을 좋아한다. 그것들은 때로는 필수품이고 또 때로는 사치품일 수 있지만, 의식주만큼 꼭 필요한 것은 아니다. 자동차는 거의 필수품처럼 여겨지지만 설령 필수품으로 여겨지더라도 인간의 행복을 위해 의식주만큼 반드시 필요한 것은 아니다. 근육형 성향을 가진 사람이라면 누구든 기계를 다루거나 가동하거나 운전하거나 만들거나 발명하는 실용적인 분야에서 성공할 수 있다.

근육형은 영양형만큼 돈벌이의 가능성은 크지 않다. 세상에서 사물을 가장 잘 다루는 인간형인 까닭에 가끔은 돈 없이도 잘 지내기 때문이다. 근육형은 가슴형에 비해서도 돈벌이의 가능성이 크지 않다. 가슴형처럼 대중의 인기를 얻는 것이 힘들기 때문이다. 게다가 근육형은 자신의 발명품이 성공을 거두지 않는 한 영양형이나 가슴형만큼 많은 보수를 받지 못한다.

·특성

① 타고난 기계공이자 발명가 근육형은 타고난 기계공이자 발명가다. 그는 강인하고 효율적인 자신의 손을 이용해서 다루고, 만들고, 변화시키고, 건설하고, 개선할 수 있는 물건들을 대상으로 작업하는 것을 좋아한다. 세상의 모든 기계공들은 대부분 근육형이다. 모든 발명가 역시 특징적으로 근육형의 요소를 가지고 있다

② 연설가 근육형이 돈도 벌고 명성도 얻을 수 있는 최고의 분야는 연설이다. 연단에서 명성이나 부를 얻는 모든 남녀는 체형적으로 근육형의 요소를 많이 가지고 있다. 이 경우에는 주로 두뇌형이 결합되어 있다.

③ 움직이려는 본능 활용 다른 인간형들과 마찬가지로 근육형 역시 자신의 주요한 본능을 활용한다. 근육형의 경우에

는 움직이려는 본능이 있다. 그는 움직임을 좋아한다. 그래서 그는 일을 좋아한다. 근육형은 유능한 일꾼이기 때문에 항상 해야 할 일을 옆에 두고 있다.

④ 피할 것   근육형은 좁은 공간에 갇힌 채로 활동성이 없거나 주로 앉아서 일해야 하는 모든 직업을 삼가야 한다.

• 함께하면 좋은 유형

동업자로 가장 먼저 선택하면 좋은 유형은 같은 근육형이다. 두 번째 선택은 두뇌형이고, 세 번째로는 가슴형이 좋다.

• 피해야 할 유형

근육형은 동업자이든 동료이든 고용주이든 모든 골격형을 피해야 한다. 그의 호전성으로 인해 골격형과 조화롭게 일하는 것이 거의 불가능하기 때문이다.

• 피해야 할 지역

근육형은 거의 모든 지역에서 일할 수 있다. 하지만 너무 좁은 장소는 피해야 한다.

• 근육형을 위한 직업

① 전형적인 근육형   자동차 · 비행기 · 각종 기계류 등을 다

루는 일. 건설업, 도시공학자, 기계학자, 직업 무용가, 곡예사, 육상선수, 권투선수 등

② 근육-영양형   실용적인 의식주 관련 물품 제조·판매업 또는 정치가 등

③ 근육-가슴형   광고업자, 조각가, 의사, 운동선수, 탐험가, 바리톤과 테너 가수, 연주가, 정치가, 사회복지사, 운송업자, 설계사 등

④ 근육-골격형   건설업, 사무 법률가, 경찰관, 기계학자, 광부 등

⑤ 근육-두뇌형   건축가, 예술가, 저널리스트, 재판장, 연설가, 외과 의사, 운송업자, 교사, 비극배우 등

▶ **골격형**

골격형의 사람은 사람과 함께하는 일에 가장 서툴다. 그가 일을 잘할 수 있는 대상은 대지, 삼림, 바다, 평원, 산과 특정한 기계류가 있다.

영양형은 물건과 사람들을 결합해 일하고, 근육형은 기계와 사람을 결합해 일하며, 가슴형은 오직 사람들과 함께 일한다. 그러나 골격형은 오직 사물과 함께 일하도록 자신 스

스로를 국한한다. 그러면서 타인의 개입이나 간섭 또는 감독 없이 혼자 일하고 싶어 한다.

골격형이 많은 돈을 벌 기회는 적은 편이다. 오직 돈만 다루는 금융업에 종사하거나 천연자원을 거래하지 않는 한 골격형은 좀처럼 부자가 될 수 없다. 그는 다른 인간형들보다 돈을 더 좋아하며 자신이 벌어들인 돈의 상당액을 저축한다. 하지만 아무리 부유해지더라도 좀처럼 낭비는 하지 않는다. 수중에 있는 것은 무엇이든 꽉 붙잡아두고 줄곧 자신이 충분히 만족할 정도로 가격이 오르기만을 기다리는 골격형의 습성은 돈벌이에 있어 가장 큰 걸림돌이다.

• 특성

① <u>북극점의 발견자</u> 골격형 요소를 많이 가진 사람은 누구든 돈을 저축할 수 있으며, 견디기 힘든 어려운 조건에서도 충실한 일꾼이 될 수 있다. 개척지로 사람을 보내는 힘든 과업이 있다면 골격형 요소를 가진 사람에게 그 임무를 맡겨야 한다. 그래야 성공할 수 있을 것이다. 북극점과 남극점을 발견하기 위해 많은 노력을 했던 사람들의 체형이 주로 골격형이었다는 것은 흥미로운 사실이다. 극단적인 영양형은 절대 그런 시도를 한 적이 없다.

② <u>선교사</u> 가장 성공하는 선교사들이 평균보다 큰 골격을

가지고 있다는 것은 주목할 만한 흥미로운 사실이다. 문명과 동떨어진 오지를 찾아가 그곳에서 오랫동안 머무는 사람들 역시 대부분 골격형이다. 물론 선교사가 되기로 마음먹은 다른 인간형들도 있다. 그들 중 일부는 멀리 떨어진 곳으로 파견되기도 한다. 그러나 지구의 외진 구석에서 수년 동안 머무를 수 있는 이들은 대부분 골격형이다.

③ 독립적인 본능 활용   골격형 역시 다른 인간형들처럼 기본적인 본능이 저절로 표출되는 직업에서 성공을 거둘 수 있다. 그의 기본적인 본능은 '독립성'이다. 이런 본능이 억압받거나 방해받는 직종이라면 절대 적응할 수 없을 것이다.

그는 구속받는 것을 싫어하고, 한 가지 일에 대해 숙달하는 것을 즐긴다. 따라서 자신의 방식으로 홀로 일하게 내버려두면 좋은 직원이 될 수 있다. 그는 가장 '꾸준하고 변함없는' 인간형이다.

④ 피할 것   골격형은 많은 사람과 계속, 또는 친밀하게 접촉해야 하는 직업과 맞지 않다. 그리고 즉각적인 움직임, 환경에 대한 갑작스러운 적응, 다수의 갑작스러운 결정, 붐비는 작업실 등이 함께하는 갖가지 유형의 직업도 삼가야 한다. 또한, '타인을 위해, 타인과 함께, 타인 밑에서' 일하는 상황은 반드시 피하도록 해야 한다.

● 함께하면 좋은 유형

골격형은 스스로 감당할 수 있다면 절대 동업자와 함께하지 말아야 한다. 만약 그럴 수 없다면 두뇌형의 성향이 강한 사람을 동업자로 선택해야 한다. 왜냐하면 다른 인간형들은 그의 특이한 성격을 참아내지 못할 것이기 때문이다.

● 피해야 할 유형

골격형은 자신과 같은 골격형 동업자를 반드시 피해야 한다. 골격형 동업자는 동료가 무엇을 하고 싶은지, 언제 어떻게 그 일을 하고 싶은지 잘 알고 있다. 그럼에도 골격형은 동료가 원하는 물건 혹은 방식이나 시간과 상반되는 것들을 흔히 요구한다. 그 결과, 결혼의 경우와 마찬가지로 사업에서도 두 골격형 사이에는 다툼이 끊이지 않는다. 이와 똑같은 이유로 골격형은 자신과 같은 골격형 직원을 피해야 한다. 그 대신 아랫사람을 마구 부려 먹는 그의 성향을 순순히 받아들일 수 있는 인간형을 선택해야 한다.

골격형이 홀로 일하기에 충분한 지적 능력을 갖추고 있다면 절대 고용주를 위해 일해서는 안 된다. 그는 매우 독립적이다. 따라서 그가 명령을 받아들인다는 것은 거의 불가능한 일이다. 게다가 그는 '반골 기질'도 아주 강하다. 즉 타인이 원하는 것에 천성적으로 반대하는 성향이 있다.

골격형은 모든 인간형 중에서 가장 반항적인 직원이며, 가장 가혹한 사장이다.

• 피해야 할 지역

골격형은 혼잡한 지역을 피해야 한다. 그는 도시에 적합하지 않다. 돈을 다루는 몇몇 직업을 제외하면, 그는 대도시에서 좀처럼 성공하지 못한다.

그에게 알맞은 지역은 외곽 지역이다. 즉 대지, 바다, 삼림, 산이 있는 광활한 곳들이 알맞다. 그런 곳이라면 골격형도 많이 예민하지 않을뿐더러 그의 고압적인 성격에 저항하지 않는 사물들과 함께 일하는 것이 가능하다.

• 골격형을 위한 직업

① 전형적인 골격형 농업, 목축업, 벌목업, 원양 어업, 철물업, 제재업, 각종 개척 활동 등

② 골격–영양형 농장 노동자, 목축업자 등

③ 골격–가슴형 농부, 목공업자, 철도 건설업자, 광부, 사무 법률가, 전기 및 화학 공학자, 경찰관 등

④ 골격–두뇌형 복잡한 기계 발명가, 통계학자, 수학자, 편집자, 전문 회계사, 계보학자, 은행가 등

▶ 두뇌형

두뇌형의 사람들은 아이디어를 다루는 직종 외에는 결코 행복하거나 성공할 수 없다. 하지만 종종 비현실적인 계획인 까닭에 골격형처럼 독립적으로 일할 경우 두뇌형은 성공하기 힘들다. 신체에 비해 넓고 높은 이마와 커다란 머리를 가진 두뇌형은 연구 및 정신적 노력을 요구하는 몇몇 직종에서 성공할 수 있다.

전형적인 두뇌형은 다른 인간형에 비해 돈벌이의 가능성이 가장 희박하다. 그의 아이디어나 글이 아무리 훌륭하다 할지라도 좀처럼 그에게 경제적 독립을 가져다주지 못한다. 경제적 독립이 가능하게 하려면 그의 곁에 근육형이나 가슴형 또는 영양형 관리자가 있어야 하며, 또 그가 그 지시를 충실히 따를 수 있어야 한다.

·특성

① 타고난 작가 글쓰기나 주로 두뇌를 사용하는 직종에서 뛰어난 능력을 발휘하는 남녀들은 대개 두뇌 시스템이 발달했다. 근육형과 결합하지 않았을 경우의 두뇌형은 말하기보다 글쓰기에 훨씬 능하며 될 수 있으면 연설은 피하려 든다. 그러나 근육형이 결합한 두뇌형이라면 탁월한 강연자나 교

사가 될 수 있다.

② 두뇌 작용의 본능 활용   두뇌형cerebral이라는 이름은 뇌에서 사고하는 부분인 대뇌cerebrum에서 나온 것이다. 그 이유는 그에게서 가장 발달한 조직이 두뇌이기 때문이다. 커다란 머리에 커다란 두뇌를 가진 사람은 뇌가 그의 삶을 지배하고 있다. 따라서 그의 주요한 본능은 꿈꾸고, 명상하고, 상상하고, 계획하는 두뇌 작용들이다. 이런 특성이 모든 발전의 출발점이기 때문에 두뇌형을 좀 더 실용적으로 변화시킬 목적으로 그의 용기를 북돋아주어야 한다.

③ 피할 것   전형적인 두뇌형들은 육체노동이나 무거운 물건을 들어 올리는 것, 그리고 대형 기계의 조작이 필요한 각종 직업을 삼가야 한다.

• 함께하면 좋은 유형

두뇌형에게 동업자의 선택은 다른 인간형들에 비해 특히 더 중요하다. 그는 자신의 계획을 홀로 실행에 옮기는 것이 거의 불가능하기 때문에 골격형에게 동업자가 필요 없는 것만큼이나 두뇌형에게는 동업자가 반드시 필요하다.

두뇌형의 동업자로는 그에게 부족한 실용성을 보충해줄 수 있는 근육형이 가장 적합하다. 두 번째로는 두뇌형에게 부족한 사교성을 보충해줄 수 있는 가슴형이 적합하다. 세 번째 선택은 부하 직원들을 잘 다루지 못하는 두뇌형의 성격을 보완할 수 있는, 직원들에게 과감히 일을 시킬 수 있는 골격형이다.

• 피해야 할 유형

계획이나 사고의 표출 기회를 제공하지 않는 직업을 삼가야 한다. 고용주가 되는 것도 삼가야 한다. 직원들의 관점을 지나치게 명확히 읽어내는 바람에 자신의 삶이 아닌 피상적인 삶을 살 수도 있기 때문이다. 또한 이것은 다른 인간형들처럼 직원들로부터 제대로 도움받을 수 없음을 의미한다.

그는 어떤 식으로든 남을 지배하거나 남에게 군림하는 것을 좋아하지 않고 어울리지도 않는다. 또 남에게 어떤 일을 강요할 때마다 사과하고 싶어 하며, 이런 책임감 때문에 자주 괴로움을 느낀다.

• 피해야 할 지역

세상의 모든 장소가 그의 호기심을 자극할 것이기 때문에 두뇌형은 어디서든 일할 수 있다. 그러나 목장, 벌목장, 건설 공사장, 제재소 등과 같은 장소는 피해야 한다. 왜냐하면, 그런 직종을 견딜 수 있는 체력이 부족하기 때문이다.

• 두뇌형을 위한 직업

① <u>전형적인 두뇌형</u> 교육자, 교직원, 사서, 저술가, 문학 비평가, 철학자 등

② <u>두뇌-영양형</u> 세계적 규모의 금융인, 제조·판매업자 등

③ <u>두뇌-가슴형</u> 저널리스트, 성직자, 교직원, 사진가, 실내장식가, 잡지 편집자, 대기업의 교육 임원, 톱연기자 등

④ <u>두뇌-근육형</u> 매뉴얼 훈련 강사, 재판장, 각종 기계류의 발명가, 사회복지사, 연설가, 교직원, 강연자, 이비인후과 의사 등

⑤ <u>두뇌-골격형</u> 저술가, 금융인, 통계사, 복잡한 기계 발명가, 전문 회계사, 수학자 등